한국을 저절로 알게 되는 한국어

김치한국어
Learning Korean
through the Culture Keywords

김치 한국어
Learning Korean
through the Culture Keywords

이윤진 지음

대한민국, 서울, 커뮤니케이션북스, 2006

이윤진

연세대학교 국어국문학과(한국어 교육 전공) 박사 과정
이화여자대학교 외국어로서의 한국어 교육학 석사
제트 프로그램(http://www.jetaakorea.org)을 통해 일본에서 한국어 교육
전 건국대학교 언어교육원 한국어강사

한국을 저절로 알게 되는 한국어
김치 한국어

지은이 이윤진
펴낸이 박영률

초판 1쇄 펴낸날 2006년 7월 31일

커뮤니케이션북스
121-869 서울시 마포구 연남동 568-33 충무빌딩 1층
전화 (02) 7474 001, 팩스 (02) 736 5047
출판등록 1998년 1월 23일 제1－A2284
전자우편 commbooks@commbooks.com
홈페이지 www.commbooks.com

CommunicationBooks
1F. Chungmu Bldg. 568-33 Yeonnam-dong, Mapo-gu
SEOUL 121-869, KOREA
phone 82 2 7474 001, fax 82 2 736 5047
e-mail commbooks@commbooks.com
homepage www.commbooks.com

ISBN 89-8499-575-4

책값은 뒤표지에 있습니다.

머리말

▶ 이 책으로 공부할 학생들에게

여러분, 안녕하세요? 이윤진입니다.

이렇게 책을 통해 여러분과 만나게 되어서 반가워요.

여러분은 '한국' 하면 무엇이 생각나세요?

아마 김치, 불고기, 삼계탕 등의 맛있는 음식이 생각나는 사람도 있고,

한국의 영화배우나 가수, 월드컵 등이 생각나는 사람도 있겠지요.

이 책에는

외국인들이 한국의 이미지로 자주 떠올리는

한국 문화 키워드 15개에 대한 이야기가 있어요.

책의 내용을 읽으면서

한국 문화도 배우고

한국어도 재미있게 공부할 수 있을 거예요.

본문을 읽고 나서

단어를 확인하고 문제도 풀고

자신의 생각을 정리해 보는 것도 잊지 마세요.

자, 이제 한국 문화의 달인이 될 준비가 되셨나요?

▶ 이 책은 이런 책이에요.

- 이 책은 한국어 학습자들이 한국 문화에 대한 내용을 읽으면서 자연스럽게 한국어를 배울 수 있도록 구성된 읽기 교재입니다.
- 이 책의 주제는 외국인들이 한국의 이미지로 자주 떠올리는 것이 무엇인가에 대한 설문조사를 바탕으로 결정되었습니다.
- 이 책은 '독학서'와 '수업의 교재'로 활용할 수 있습니다.

▶ 이 책은 이런 사람들을 위한 책이에요.

- 외국어로서 한국어를 배우는 학습자(외국인, 교민)
- 모국어로서 한국어를 배우는 어린이

▶ 이 책은 이렇게 만들어져 있어요.

- 총 15개의 과로 이루어져 있습니다.
- 각 과는 다음과 같은 순서로 되어 있습니다.

  읽기 전에(prereading) → 읽기(reading) → 어휘(vocabulary) → 이해(comprehension) → 문법(grammar) → 토론(discussing) → 쓰기(writing)

▶ 이 책은 이렇게 공부할 수 있어요.

1. 주제

좋아하는 주제를 골라서 읽어 보세요.

처음부터 끝까지 순서대로 공부하지 않아도 된답니다.

선생님들께 ≫ 차시 학습에 공부하게 될 주제를 학습자들에게 먼저 알려 주세요. 그리고 그에 관련된 이야깃거리나 질문을 각자 준비할 수 있도록 합니다. 수업 계획에 맞게 관련 주제를 교사가 결정하는 경우, 학습자들이 예습을 할 수 있도록 유도해 주세요.
이 교재를 정규 교재로 사용할 경우, 관련 주제별로 묶어서 공부하는 것도 효율적입니다. 또는 부교재를 이용할 경우 수업 시간에 배웠던 것과 관련 있는 것을 선택하여 학습자들에게 과제로 부여해 주세요. 가령, 수업 시간에 '생일'에 대한 이야기가 나왔다면 '미역국'이라는 과를 숙제로 낼 수 있습니다.

2. 사진

어떤 사진인지 생각해 보세요.

그리고 친구나 선생님과 함께 이야기를 나누어요.

내가 생각하고 느끼는 점을 자유롭게 이야기해요.

선생님들께☞ 사진을 보면서 이야기를 나눔으로써 본 수업에서 어떤 것을 배울지에 대해 학습자들이 예측할 수 있고 흥미 유발을 할 수 있습니다.

3. 읽기 전에(prereading)

질문에 대한 답을 한국어로 어떻게 표현할지 생각해 보세요.

그리고 친구들과 서로서로 질문하고 답해 보세요.

선생님들께☞ 주제에 대해 학습자들이 얼마나 관심을 가지고 있는지, 어떤 배경 지식이 있는지 알 수 있는 시간입니다. 전체 학습자와 교사, 또는 학습자들이 짝을 이루어 간단한 질문과 답을 하는 형식으로 시간을 주어도 좋습니다. 가능한 학습자들의 발화를 많이 유도해 주세요.

4. 읽기(reading)

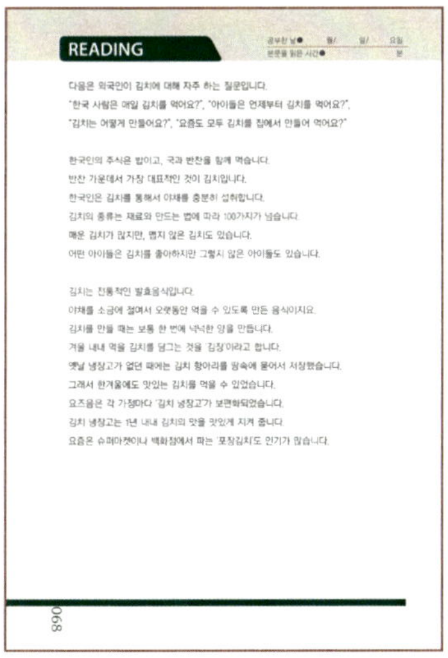

사전을 찾지 말고 빠른 시간에 읽어 보세요.

처음부터 끝까지 읽는 데 시간이 얼마나 걸렸나요?

그리고 다시 한 번 천천히 내용을 생각하면서 읽어 보세요.

선생님들께☞ 본문 내용을 각자 읽게 하고, 읽은 시간(분)을 본문 위에 쓰게 합니다. 대략 어떤 내용이었는지 전체 학생들에게 물어 보면서 이해 정도를 확인하고 다시 한 번 숙독하게 합니다.

5. 어휘(vocabulary)

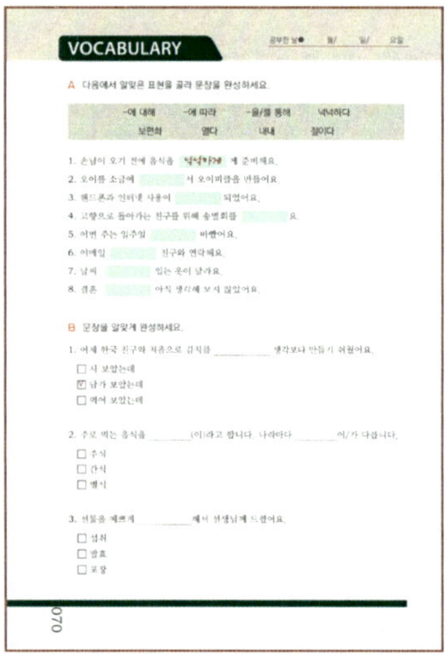

VOCABULARY

070

본문에 나왔던 단어를 확인해요.

사전을 보지 말고 알맞은 답을 찾아보세요.

정답을 모르면 다시 한 번 본문을 읽으면서 그 뜻이 무엇인지 추측해 보세요.

선생님들께☞ 사전을 사용하지 않고 스스로 '어휘 문제'를 풀어 보게 합니다. 그리고 옆 친구와 함께 각자 쓴 답을 확인하게 하거나 교사와 함께 답을 확인하면서 어휘의 뜻을 간단히 설명합니다. 처음부터 사전에 의지하여 답을 찾는 것은 좋지 않습니다.

6. 이해(comprehension)

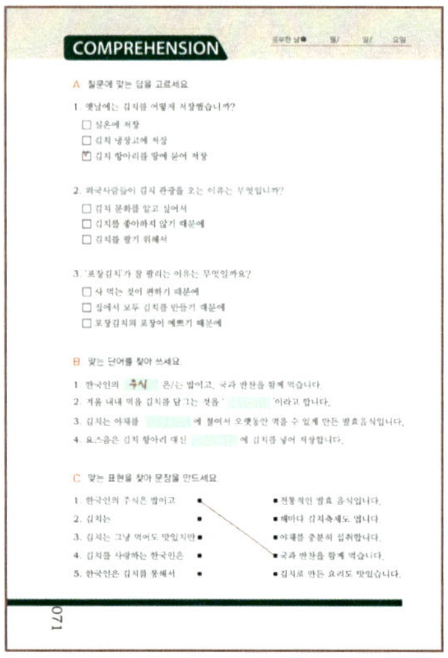

COMPREHENSION

071

읽은 본문의 내용을 생각하면서 문제를 풀어 보세요.

기억이 안 나면 다시 한 번 본문을 읽어 보세요.

선생님들께☞ 본문을 소리 내어 함께 읽어 보는 시간을 갖습니다. 교사와 같이 읽는 시간과 학습자들이 스스로 읽는 시간이 모두 필요합니다. 그리고 '이해 문제'에 대한 답을 각자 써 보게 합니다. 학습자들이 두 명씩 짝을 지어 서로 묻고 답하면서 상호 작용을 합니다. 그 후 교사는 학생들의 질문을 받거나 필요할 경우 보충 설명을 합니다.

7. 문법(grammar)

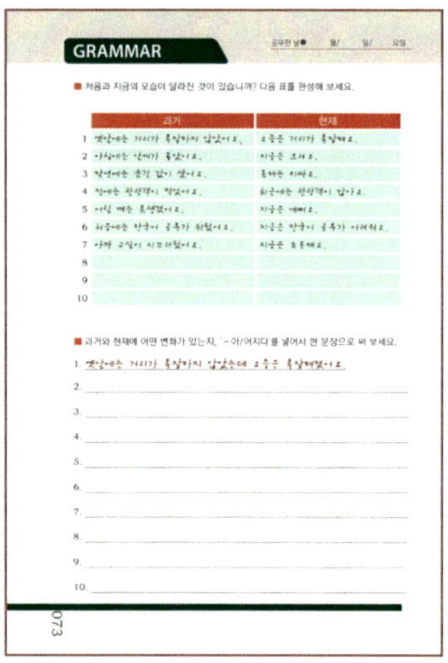

GRAMMAR

073

문법 연습을 해 보세요.

선생님들께☞ 각 과의 본문 속에 나왔던 문법 가운데 하나의 항목을 선정하여 문법 연습을 합니다. 한국어에서 기본적이고 중요한 문법 항목을 중복되지 않게 선정하였습니다.

8. 토론(discussing)

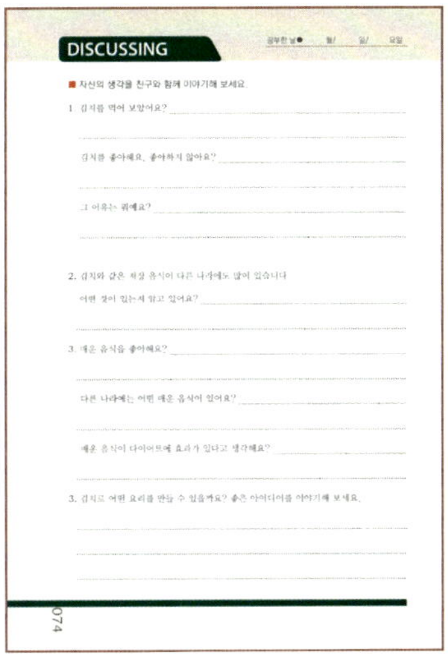
DISCUSSING

074

질문에 대한 자신의 생각을 간단히 써 보세요.

자기 의견을 전달하고 친구의 생각을 들어 보세요.

선생님들께☞ 본시 수업에서 이루어졌던 내용에 대해 학습자들이 얼마나 흥미를 가지고 있고 제대로 이해했는지를 알아 볼 수 있는 귀중한 시간입니다. 나름대로 자신의 생각을 정리해 볼 수 있도록 하고, 소그룹이나 전체 학생들 앞에서 자신의 생각을 전할 수 있는 시간을 만들어 주세요.

9. 쓰기(writing)

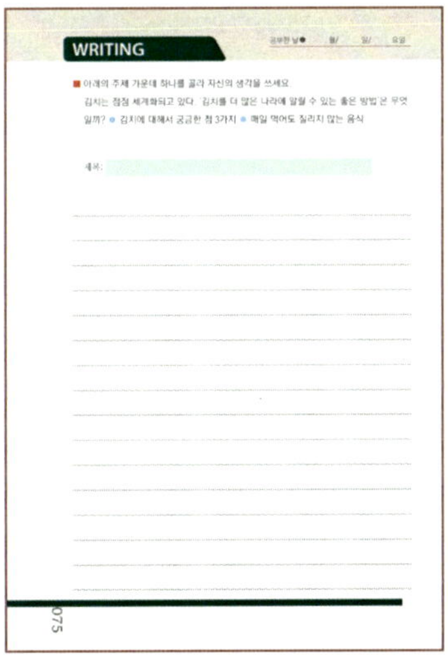
WRITING

075

자신의 생각을 글로 써 보세요.

가능하면 사전을 찾지 말고 써 보세요.

선생님들께☞ 본시 수업에서 배웠던 내용이나 관련 있는 주제에 대해 자신의 생각을 글로 써 보는 시간입니다. 가능하면 제한된 시간에(15분~30분) 약간의 긴장된 분위기에서 시험과 같은 분위기로 쓰기를 하는 것도 효율적입니다. 그리고 사전이나 교재를 보지 않고 자신이 기억한 단어나 표현을 이용해 보는 연습이 필요함을 인식시켜 주세요. 교수 계획상 '쓰기' 시간을 할당하지 못할 경우는 과제로 부여하고 차시 학습에서 '말하기 발표'의 내용으로 제시합니다.

10. 단어 시험

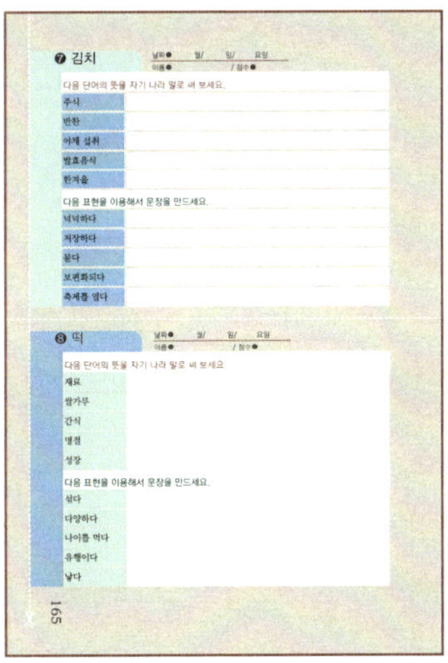
❼ 김치

❽ 떡

165

공부한 단어와 표현을 스스로 확인해 보세요.

한국어로 된 단어를 자기 나라 말로 바꿔 보세요.

주어진 표현을 이용해서 문장을 만들어 보세요.

선생님들께☞ 배운 내용을 각자 복습하도록 한 후 쪽지 시험을 볼 수 있습니다. 모든 과마다 '본시 학습'과 '복습', '평가'가 연계되어 이루어질 수 있도록 합니다.

차례

CHECKING LIST

한국 문화, 얼마나 알고 있나요?

◉ 한국인이 즐겨 먹는 가장 기본적인 야채 반찬은? □□

◉ 한국인이 생일날 먹는 국 이름은? □□□

◉ 한국의 설날과 추석에 먹는 떡 요리는? 설날-□□, 추석-□□

◉ 한국인이 더운 날 즐겨 먹는 닭요리는? □□□

◉ 한국인이 가장 즐겨 부르는 민요는? □□□

◉ 사물놀이의 4가지 악기는? □□□, □□, □, □

◉ 한국의 국기 이름은? □□□

◉ 한국어의 문자 이름은? □□

◉ 한국의 전통적인 난방 방식은? □□

◉ 한국의 전통 의상 이름은? □□

◉ 한국에서 결혼한 여자를 부르는 말은? □□□

◉ 해외에서의 한국 대중문화의 열기는? ('~열풍') □□□□

◉ 목욕과 휴식, 식사 등을 모두 할 수 있는 '~방'은? □□□

◉ 한국의 수도는? □□

(김치)
(미역국)
(설날-떡국, 추석-송편)
(삼계탕)
(아리랑)
(꽹과리, 장고, 북, 징)
(태극기)
(한글)
(온돌)
(한복)
(아줌마)
(한류열풍)
(찜질방)
(서울)

01

삼계탕

PREREADING

●계절마다 특히 생각나는 음식은 뭐예요? 그 이유는요?

	생각나는 음식(계절의 별미)	그 이유
봄		
여름	아이스크림, 팥빙수	시원하니까
가을		
겨울		

●한국의 '-탕'요리를 아는 대로 말해 보세요.

여름은 더운 계절입니다.
여름 중 가장 더운 날을 '**복날**'이라고 합니다.
그리고 이 시기의 더위를 '삼복더위'라고 합니다.
왜냐하면 복날에는 초복, 중복, 말복이 있기 때문입니다.

날씨가 더우면 땀을 많이 흘리게 됩니다.
밥맛이 안 좋아지는 사람도 있습니다.
힘이 없어지고 의욕이 없습니다.
이런 더위에는 건강을 지키기 위한 음식이 필요합니다.

한국인은 '이열치열'로 더운 날 뜨거운 음식을 즐겨 먹습니다.
뜨거운 음식으로 더위를 이기는 것입니다.
그래서 복날이 되면 **삼계탕**을 찾는 사람들이 많습니다.
삼계탕은 대표적인 보양음식이기 때문입니다.

삼계탕의 '삼'은 인삼을 뜻합니다.
삼계탕의 '계'는 닭을 말합니다.
삼계탕의 '탕'은 푹 끓인 음식이라는 뜻입니다.
즉, 삼계탕은 닭에 인삼 등을 넣고 푹 끓인 음식입니다.

삼계탕을 만드는 방법은 간단합니다.
먼저 어린 닭(영계)의 내장을 빼냅니다.
그 속에 찹쌀, 대추, 인삼 등을 넣고 간을 맞춥니다.
그리고 1시간 이상 푹 끓이면 맛있는 삼계탕이 됩니다.

VOCABULARY

A. 알맞은 표현을 골라 문장을 완성하세요.

지키다	영계	넣다	끓이다	더위

1. 나는 추위는 참아도 더위 은/는 못 참아요.
2. 커피에 설탕을 ______ 요.
3. 삼계탕은 늙은 닭(노계)보다 ______ (으)로 끓여야 맛있어요.
4. 라면을 ______ 서 먹었어요.
5. 건강은 건강할 때 ______ 세요.

B. 문장을 완성하세요.

1. 운동을 많이 하면 땀을 ....

☐ 많습니다 ☐ 끓입니다 ☑ 흘립니다

2. 지는 것보다 .... 것이 기쁩니다.

☐ 지키는 ☐ 이기는 ☐ 필요한

3. 돈을 지갑에 ....

☐ 넣습니다 ☐ 빼냅니다 ☐ 만듭니다

4. 오늘은 .... 이/가 없어서 아무 것도 하고 싶지 않아요.

☐ 의욕 ☐ 건강 ☐ 복날

5. 생선의 .... 을/를 빼고 요리합니다.

☐ 대추 ☐ 내장 ☐ 더위

COMPREHENSION

A. 맞는 것을 고르세요.

1. 여름의 아주 더운 날씨를 ______________(이)라고 합니다.

- ☐ 삼계탕
- ☐ 복날
- ☑ 삼복더위

2. 한국인은 여름에도 ______________ 뜨거운 음식을 즐겨 먹습니다.

- ☐ 차가운 음식을 싫어해서
- ☐ 더위를 이기기 위해서
- ☐ 삼계탕이 만들기 간단해서

3. 삼계탕은 ______________.

- ☐ 오랫동안 끓여서 만듭니다
- ☐ 어린 닭의 내장도 함께 만듭니다
- ☐ 보양식품이 아닙니다

B. 맞는 단어를 써서 문장을 완성하세요.

1. 이열치열 : 뜨거운 것을 더 뜨거운 것으로 이긴다는 뜻입니다.
2. 삼복 : 초복, ______________, 말복
3. 삼계탕의 재료 : 어린 닭(영계), ______________, 대추, 인삼 등

C. 맞는 표현을 찾아 문장을 만드세요.

1. 날씨가 더우면 ■	■ 푹 끓인 음식입니다.
2. '복날'은 여름 중에서 ■	■ 보양음식을 먹습니다.
3. 삼계탕은 닭에 인삼 등을 넣고 ■	■ 가장 더운 날을 말합니다.
4. 삼계탕을 만드는 방법은 ■	■ 땀을 흘립니다.
5. 더위를 이기기 위해서 ■	■ 간단합니다.

■ 완성된 문장을 써 보세요.

1. 날씨가 더우면 땀을 흘립니다.
2. ……
3. ……
4. ……
5. ……

D. 본문을 읽고 다음 질문에 답하세요.

1. 여름 중 가장 더운 날을 뭐라고 합니까?
   여름 중 가장 더운 날은 복날이라고 합니다.
2. 날씨가 어떨 때 땀을 많이 흘리게 됩니까?
   ……
3. 한국인은 더운 날씨에 뜨거운 음식을 안 먹습니까?
   ……
4. 삼계탕의 '계'는 무슨 뜻입니까?
   ……
5. 삼계탕을 만들려면 어떤 재료가 필요합니까?
   ……

■ 아래의 표현을 써서 두 문장을 하나로 만드세요.

-(으)면서 -(으)면 왜냐하면 -고 -아/어서 -(으)니까

1. 봄이 옵니다 + 꽃이 핍니다

→ 봄이 오면 꽃이 핍니다.

2. 복날이 됩니다 + 삼계탕을 먹는 사람들이 많습니다

3. 닭에 여러 가지 재료를 넣습니다 + 푹 끓입니다

4. 아침에 일어납니다 + 세수를 합니다

5. 시간이 없습니다 + 빨리 가자(갑시다)

6. 삼계탕의 '삼'은 인삼을 뜻합니다 + '계'는 닭을 말합니다

7. 숙제를 합니다 + 선생님께 보여 드렸습니다

8. 친구와 함께 걸어갑니다 + (친구와) 이야기를 합니다

9. 공부를 많이 안 했습니다 + 시험을 잘 못 봤습니다

10. 꽃을 샀습니다 + 여자 친구에게 주었습니다

DISCUSSING

■ 자신의 생각을 친구와 함께 이야기해 보세요.

1. 삼계탕을 먹어 보았어요? ....

언제, 어디서 먹어 보았어요? 어땠어요? ....

....

다른 나라에도 삼계탕과 비슷한 음식이 있어요? ....

....

2. 더운 날 뜨거운 음식을 먹는 것이 좋다고 생각해요, 좋지 않다고 생각해요?

....

그 이유는 뭐예요? ....

3. 닭으로 만든 다른 요리를 알고 있어요? ....

....

4. 건강에 좋은 음식에는 어떤 것이 있어요? ....

....

건강에 좋지 않은 음식에는 어떤 것이 있어요? ....

....

■ 건강을 위해서 지켜야 할 일은 무엇입니까? 3가지 이상 써 보세요.

제목:

삼계탕 재료

닭

인삼

찹쌀

대추

02

미역국

PREREADING

● '생일' 하면 떠오르는 것을 3가지 이상 말해 보세요.

'생일' 하면 떠오르는 것	생각나는 이유
선물	선물을 많이 받으니까

한국인은 뜨거운 국물 요리를 즐겨 먹습니다.
국물 요리에는 국, 찌개, 탕 등이 있습니다.
미역국은 한국 사람이 가장 즐겨 먹는 국 중의 하나입니다.
미역국은 맵지 않아서 누구나 먹기 좋습니다.
그래서 한국인은 미역국을 자주 먹습니다.

그런데 **미역국**을 꼭 먹는 특별한 날과 먹지 않는 날이 있습니다.
엄마(산모)가 아이를 낳은 후 꼭 미역국을 먹습니다.
이것은 미역이 피를 맑게 해 주기 때문입니다.
그리고 생일에도 꼭 미역국을 끓여 먹습니다.
생일을 맞은 사람에게 미역국을 먹었냐는 인사도 잊지 않습니다.

그러나 시험을 보는 날에는 **미역국**을 먹지 않는 습관이 있습니다.
미끈미끈한 미역처럼 시험에서 미끄러지는 것을 바라지 않기 때문입니다.
시험을 본 후 "미역국 먹었다"고 한다면 불합격했다는 뜻입니다.
대신 시험을 보기 전에는 '찰떡'이나 '엿'을 먹습니다.
이것은 찰떡이나 엿처럼 착착 붙으라는 의미입니다.

결론적으로 미역국에는 두 가지 의미가 있습니다.
첫째, 좋은 의미에서 '**출산**'과 '**생일**'을 뜻합니다.
둘째, 나쁜 뜻으로는 '**불합격**'과 '**실패**'의 뜻이 있습니다.

A. 맞는 단어를 골라 쓰세요.

실패	합격	불합격	출산	생일	산모

1. 아기를 낳는 것을 출산 (이)라고 합니다.
2. 아기를 낳은 지 얼마 안 된 여자를 ______ (이)라고 합니다.
3. 시험에 붙는 것을 ______ (이)라고 합니다.
4. 시험에서 떨어지는 것을 ______ (이)라고 합니다.
5. ______ 은/는 성공의 어머니입니다.
6. ______ 은/는 태어난 날을 말합니다.

B. 문장을 완성하세요.

1. 커피를 마시려면 먼저 물을 ....
   - ☑ 끓입니다
   - ☐ 미끈미끈합니다
   - ☐ 얼립니다

2. 한국어를 잘 할 수 있기를 ....
   - ☐ 낳습니다
   - ☐ 바랍니다
   - ☐ 뜻합니다

3. 스케이트를 타다가 ....
   - ☐ 미역국을 먹었습니다
   - ☐ 맑았습니다
   - ☐ 미끄러졌습니다

4. 할머니의 여든 번째 생일을 .... 팔순 잔치를 했습니다.
   - ☐ 좋아서
   - ☐ 맞아서
   - ☐ 붙어서

COMPREHENSION

공부한 날☻ 월/ 일/ 요일

A. 맞으면 ○, 틀리면 × 하세요.

1. 한국인은 매일 미역국을 먹습니다. (○, ×)
2. 한국인은 미역국을 먹으면 좋은 일만 생긴다고 생각합니다. (○, ×)
3. 미역은 거칠지 않고 미끈미끈합니다. (○, ×)
4. 시험에서 미역국을 먹었다는 것은 시험에서 떨어졌다는 뜻입니다. (○, ×)

B. 맞는 단어를 찾아 쓰세요.

1. 미역국 은/는 미역을 넣어 끓인 국입니다.
2. 출산했을 때와 ______ 에는 미역국을 먹습니다.
3. ______ 을/를 보는 날에는 미역국을 먹지 않습니다.
4. 미역은 ______ 을/를 맑게 해 줍니다.

C. 맞는 표현을 찾아 문장을 만드세요.

1. 생일을 맞은 사람에게 ■	■ 누구나 먹기 좋습니다.
2. 시험을 본 후 미역국을 먹었다고 하면 ■	■ 뜨거운 국물 요리를 즐겨 먹습니다.
3. 미역국은 맵지 않아서 ■	■ 국, 찌개, 탕 등이 있습니다.
4. 국물 요리에는 ■	■ 미역국을 먹었냐고 물어봅니다.
5. 한국인은 ■	■ 좋은 결과가 나오지 않았다는 뜻입니다.

■ 완성된 문장을 써 보세요.

1. 생일을 맞은 사람에게 미역국을 먹었냐고 물어 봅니다.
2. ......
3. ......
4. ......
5. ......

공부한 날☻ 월/ 일/ 요일

D. 본문을 읽고 다음 질문에 답하세요.

1. 국물 요리에는 어떤 것이 있습니까?

국물 요리에는 국, 찌개, 탕 등이 있습니다.

2. 미역국은 매운 국입니까?

3. 어떤 날 미역국을 먹습니까?

4. 시험을 보는 날 미역국을 먹지 않는 이유는 무엇입니까?

5. 시험을 보기 전에 먹는 음식은 무엇입니까? 그 이유는 무엇입니까?

공부한 날☻ 월/ 일/ 요일

■ 처음 만났을 때 자주 하는 질문은 무엇입니까? 표를 완성하고, '-냐고 해요(물어요)' 표현으로 바꿔 써 보세요.

	처음 만났을 때 자주 하는 질문	-냐고 해요(물어요)
1	어느 나라 사람이에요?	어느 나라 사람이냐고 해요.
2	가족이 몇 명이에요?	
3	무슨 음식을 좋아해요?	
4	좋아하는 운동이 있어요?	
5	어느 나라에 가 보았어요?	
6	남자(여자) 친구 있어요?	
7	결혼했어요?	
8		
9		
10		

공부한 날☻ 월/ 일/ 요일

■ 자신의 생각을 친구와 함께 이야기해 보세요.

1. 다른 나라에서는 생일에 어떤 음식을 준비해요?

2. 내일이 생일이라면 무엇을 하고 싶어요? 어떤 생일파티를 하고 싶어요?

3. 한국에서 '미역국'은 생일과 출산, 그리고 불합격을 뜻합니다. '엿'과 '찹쌀떡'은 '합격'을 의미합니다. 이렇게 특별한 음식에 특별한 의미가 있는 다른 예를 이야기해 보세요.

음식(나라)	그 음식의 의미
미역국(한국)	생일, 출산, 불합격
엿, 찹쌀떡(한국)	합격

4. 우연히 생일과 시험 보는 날이 겹쳤습니다. 미역국을 먹겠습니까, 안먹겠습니까? 그 이유는 무엇입니까?

WRITING

공부한 날☻ 월/ 일/ 요일

■ Discussing의 4번 주제에 대한 자신의 생각과 이유를 구체적으로 써 보세요. 다른 음식의 예를 들어도 좋습니다.

제목: 생일과 시험 보는 날이 겹쳤을 때

03

아리랑

PREREADING

- 나라마다 어떤 민요가 있어요? 아는 대로 말해 보세요.
- ‘아리랑’을 들어 본 적 있어요? 어디에서 들었어요?
- 아리랑을 들었을 때 어떤 느낌이었어요?

READING

한국인의 생활 속에는 늘 노래가 함께 있었습니다.
어떨 때는 노래로 감정을 표현합니다.
기쁜 일이 있을 때 노래를 부릅니다.
슬플 때도 노래를 부르면 마음이 편안해집니다.
일을 할 때 노래를 부르면 힘이 납니다.
그리고 흥이 나서 일이 즐겁습니다.

처음에는 한 사람이 어떤 노래를 불렀습니다.
그리고 다른 사람이 그 노래를 따라 불렀습니다.
점점 많은 사람들이 그 노래를 알게 되었습니다.
여러 사람이 같은 노래를 함께 부르면 분위기가 하나가 됩니다.
이렇게 사람들의 입에서 입으로 전해지는 노래를 '**민요**'라고 합니다.
그래서 민요는 누가 언제 만들었는지 정확하게 알 수가 없습니다.

한국의 민요 중에서 가장 대표적인 것은 '**아리랑**'입니다.
아리랑은 지역에 따라 50여 가지 종류가 있습니다.
빠른 아리랑과 느린 아리랑이 있습니다.
경쾌한 아리랑과 슬픈 아리랑이 있습니다.
그렇게 지역에 따라 서로 다른 **아리랑**이 있습니다.
그 중에서 강원도 아리랑, 정선 아리랑, 진도 아리랑, 밀양 아리랑 등이 유명합니다.

VOCABULARY

A. 맞는 단어를 골라 쓰세요.

감정	힘	생활	흥	대표적	분위기

1. 밥을 안 먹으면 힘 이/가 안 나요.
2. 서울은 한국의 ______ 인 도시입니다.
3. 빠른 음악을 들으면 저절로 ______ 이/가 나요.
4. 그 친구를 좋아하는 ______ 은/는 있지만 아직 애인은 아니에요.
5. 꽃이 있으니까 ______ 이/가 달라졌네요.
6. 외국 ______ 은/는 처음이지만 금방 익숙해졌습니다.

B. 다음 문장을 완성하세요.

1. 모이는 장소와 시간을 .... 말해 주세요.

- ☐ 대표적인
- ☑ 정확하게
- ☐ 경쾌한

2. 입에서 입으로 .... 것을 '구전'이라고 합니다.

- ☐ 전해지는
- ☐ 유명한
- ☐ 노래를 부르는

3. 생각을 말로 잘 ....하는 것은 쉽지 않습니다.

- ☐ 민요
- ☐ 지역
- ☐ 표현

A. 본문을 읽고 맞으면 ○, 틀리면 × 하세요.

1. 민요는 요즈음 생긴 노래입니다. (○, ×)
2. 아리랑의 종류는 많지 않습니다. (○, ×)
3. 민요의 작가는 누구인지 모릅니다. (○, ×)
4. 일할 때 노래를 부르면 즐겁게 일할 수 있습니다. (○, ×)

B. 다음 문장을 완성하세요.

1. ________ 은/는 옛날부터 입에서 입으로 전해지는 노래입니다.
2. ________ 은/는 한국의 가장 대표적인 민요입니다.
3. 아리랑은 ________ 에 따라 50여 가지가 있습니다.

C. 맞는 표현을 찾아 문장을 만드세요.

1. 사람들은 노래로 ▪	▪ 늘 노래가 함께 있었습니다.
2. 흥이 나면 ▪	▪ 감정을 표현합니다.
3. 우리의 생활 속에는 ▪	▪ 일이 더 즐겁습니다.
4. 민요는 누가 언제 만들었는지 ▪	▪ 민요를 알게 되었습니다.
5. 점점 더 많은 사람들이 ▪	▪ 알 수가 없습니다.

■ 완성된 문장을 써 보세요.

1. 사람들은 노래로 감정을 표현합니다.
2. ....
3. ....
4. ....
5. ....

D. 본문을 읽고 다음 질문에 답하세요.

1. 일을 할 때 노래를 부르면 어떻습니까?

일을 할 때 노래를 부르면 힘이 납니다.

2. 여러 사람이 같은 노래를 함께 부르면 어떤 분위기가 됩니까?

3. 민요란 무엇입니까?

4. 민요는 누가 언제 만들었는지 정확하게 알 수 있습니까?

5. 아리랑은 지역에 따라 몇 가지가 있습니까?

■ ( ) 안에 알맞은 표현을 쓰세요.

1. (기쁜) 일이 있을 때 노래를 부릅니다. 기쁘다

2. ( ) 때도 노래를 부르면 마음이 편안해집니다. 슬프다

3. 일을 ( ) 때 노래를 부르면 피곤이 풀립니다. 하다

4. 사람들의 입에서 입으로 ( ) 노래를 '민요'라고 합니다. 전해지다

5. ( ) 아리랑과 ( ) 아리랑이 있습니다. 빠르다, 느리다

6. ( ) 아리랑과 ( ) 아리랑이 있습니다. 경쾌하다, 슬프다

7. 지역에 따라 ( ) 아리랑이 있습니다. 다르다

8. ( ) 꽃을 보니까 기분이 좋습니다. 예쁘다

9. 돈이 없어서 ( ) 옷을 살 수 없어요. 비싸다

10. ( ) 영화를 보러 가고 싶어요. 재미있다

DISCUSSING

■ 자신의 생각을 친구와 함께 이야기해 보세요.

1. 자주 부르는 노래가 있어요? ....

   어떨 때 그 노래를 불러요? ....

   그 노래를 부르면 어떤 느낌이 들어요? ....

2. 요즈음 한국에는 노래방이 아주 많습니다. 그 이유가 무엇이라고 생각해요?

   ....

   다른 나라에도 노래방이 있어요? ....

   어떤 분위기예요? ....

3. 우리에게 노래는 필요하다고 생각합니까, 필요하지 않다고 생각합니까?

   ....

   그 이유는 무엇입니까? ....

   ....

WRITING

공부한 날☻ 월/ 일/ 요일

■ 다음 주제 가운데 하나를 골라 자신의 생각을 쓰세요.

1. 노래의 힘
2. 민요와 대중가요
3. 한국인과 아리랑

제목:

04

사물놀이

PREREADING

● 어떨 때 음악을 들어요?

● 어떤 음악을 좋아해요?

● 음악의 장르를 아는 대로 말해 보세요.

● 사물놀이와 관계 있는 것을 고르세요.

- ☐ 궁중음악　　☐ 서민음악
- ☐ 전통악기　　☐ 현대악기
- ☐ 바이올린　　☐ 드럼
- ☐ 혼자 연주　　☐ 여러 사람이 연주

음악은 사람의 마음을 움직입니다.
슬플 때 밝은 음악을 들으면 기분이 좋아집니다.
힘들 때 빠른 음악을 들으면 기운이 납니다.
신이 나는 음악을 들으면 덩실덩실 절로 어깨춤을 추게 됩니다.
예로부터 음악과 한국인의 일상생활은 아주 깊은 관계가 있었습니다.

악기는 연주하는 방법에 따라 크게 세 가지로 나뉩니다.
그것은 관악기, 현악기, 타악기입니다.
플루트나 색소폰과 같이 입으로 불어서 소리를 내는 악기는 관악기입니다.
기타나 바이올린처럼 줄을 튕기거나 마찰시켜서 소리를 내는 악기는 현악기입니다.
실로폰과 드럼처럼 두드려서 소리를 내는 악기를 타악기라고 합니다.

한국의 전통적인 타악기 중에서도 대표적인 것들이 네 가지 있습니다.
꽹과리, **장고**, **북**, **징**입니다.
이 네 가지는 매우 서민적이며 한국인에게 매우 친숙한 악기들입니다.
이 악기들을 함께 연주하는 것을 '**사물놀이**'라고 합니다.
사물놀이는 많은 해외 공연에서 그 음악성을 인정받아 왔습니다.

사물 악기 중에서 꽹과리는 가장 작지만 소리가 크고 강합니다.
장고는 장구라고도 하는데 꽹과리와 함께 지휘자의 역할을 합니다.
북은 전체 연주에서 든든한 기둥과 같은 역할을 합니다.
징은 전체의 소리를 크고 웅장하게 만듭니다.
꽹과리는 벼락, 장고는 비, 북은 구름, 징은 바람에 비유합니다.

사물놀이의 리듬을 가지고 만든 현대 공연이 있습니다.

〈난타〉는 주방에서 일어나는 일들을 재미있게 만든 비언어극(non-verbal performance)입니다.

1997년 국내에서 초연을 했고, 2003년에는 미국 브로드웨이에서도 공연을 가졌습니다.

〈난타〉 공연은 언어와 문화를 초월해 해외에서도 좋은 반응을 얻었습니다.

이는 가장 한국적인 것이 가장 세계적이라는 것을 보여 준 예입니다.

VOCABULARY

공부한 날☻ 월/ 일/ 요일

A. 맞는 단어를 골라 문장을 완성하세요.

덩실덩실	두드리다	주방	연주	불다

1. 신나는 음악을 들으며 덩실덩실 춤을 춥니다.
2. ＿＿＿＿ 에서 요리를 합니다.
3. 저는 기분이 좋을 때 휘파람을 ＿＿＿＿ 아/어요.
4. 훌륭한 피아노 ＿＿＿＿ 을/를 잘 들었습니다.
5. 문을 ＿＿＿＿ (아/어) 보세요.

B. 다음 문장을 완성하세요.

1. 집을 지을 때 먼저 .... 을/를 세웁니다.

☐ 지휘자 ☑ 기둥 ☐ 공연

2. 시간이 없습니다. 빨리 ....

☐ 움직여요 ☐ 얻어요 ☐ 나요

3. 자신의 실력을 .... 받을 때 행복해요.

☐ 초월 ☐ 비유 ☐ 인정

4. 우리 언니는 엄마가 안 계실 때 엄마 .... 을/를 합니다.

☐ 역할 ☐ 서민적 ☐ 문화

5. 그 노래가 요즈음 좋은 반응을 ....

☐ 가지고 있어요 ☐ 강해요 ☐ 얻고 있어요

A. 틀린 것을 맞게 고치세요.

1. 사물놀이는 네 가지의 전통적인 관악기를 연주하는 것입니다.

→ 사물놀이는 네 가지의 전통적인 타악기를 연주하는 것입니다.

2. 〈난타〉는 아직 해외 공연을 한 적이 없습니다.

→

3. 음악과 한국인의 일상생활은 관계가 없었습니다.

→

4. 사물놀이에서 꽹과리는 전체의 소리를 웅장하게 만드는 악기입니다.

→

5. 〈난타〉는 1997년 국내에서 마지막 공연을 했습니다.

→

B. 알맞은 표현을 골라 문장을 완성하세요.

1. 악기는 ....에 따라 크게 세 가지로 나뉩니다.

- ☐ 악기의 크기
- ☑ 연주하는 방법
- ☐ 악기의 무게

2. 〈난타〉는 ....

- ☐ 언어극입니다.
- ☐ 전통 공연입니다.
- ☐ 현대 공연입니다.

3. 줄을 튕겨서 소리를 내는 악기는 ....

- ☐ 타악기입니다
- ☐ 현악기입니다
- ☐ 관악기입니다

4. 가장 한국적인 것은 ....

- ☐ 한국에서만 인정받습니다
- ☐ 세계에서 인정받기 어렵습니다
- ☐ 세계에서도 인정받습니다

C. 맞는 표현을 찾아 문장을 만드세요.

1. 악기는 연주하는 방법에 따라 ■	■ 소리가 크고 강합니다.
2. 사물 악기는 매우 서민적이며 ■	■ 한국인에게 친숙한 악기들입니다.
3. 사물놀이는 해외공연에서 ■	■ 만든 현대 공연입니다.
4. 사물 악기 중 꽹과리는 가장 작지만 ■	■ 그 음악성을 인정받고 있습니다.
5. 〈난타〉는 사물놀이의 리듬을 가지고 ■	■ 관악기, 현악기, 타악기로 나뉩니다.

■ 완성된 문장을 써 보세요.

1. 악기는 연주하는 방법에 따라 관악기, 현악기, 타악기로 나뉩니다.
2. ....
3. ....
4. ....
5. ....

D. 본문을 읽고 질문에 답하세요.

1. 언제부터 음악과 한국인의 일상생활은 아주 깊은 관계가 있었습니까?

   예로부터 음악과 한국인의 일상생활은 아주 깊은 관계가 있었습니다.

2. 악기는 무엇에 따라 크게 세 가지로 나뉩니까?

   ....

3. 기타와 바이올린은 어떻게 소리를 내는 악기입니까? 그런 악기를 뭐라고 합니까?

....

4. 사물 악기 중에서 꽹과리는 어떤 악기입니까?

....

5. 〈난타〉는 어떤 것이 가장 세계적이라는 것을 보여 준 공연입니까?

....

■ 다음 문장을 보기와 같이 바꿔 쓰세요.(현재 → 과거)

1. 나는 사물놀이가 무엇인지 몰라요.

→ 나는 사물놀이가 무엇인지 몰랐어요.

2. 학교에서 선생님께 사물놀이에 대해서 배워요.

→

3. 음악과 한국인의 일상생활은 깊은 관계가 있어요.

→

4. 사물놀이의 리듬을 가지고 현대 공연을 만들어요.

→

5. 〈난타〉는 1997년 국내에서 초연을 해요.

→

6. 〈난타〉는 2003년 미국 브로드웨이에서도 공연을 가져요.

→

7. 언어와 문화를 초월해 해외에서도 좋은 반응을 얻어요.

→

8. 가장 한국적인 것이 세계적이라는 것을 보여 줘요.

→

9. 나도 〈난타〉 공연을 보러 가요.

→

10. 그 공연은 매우 감동적이에요.

→

DISCUSSING

■ 자신의 생각을 친구와 함께 이야기해 보세요.

1. 악기의 이름을 아는 대로 말하고, 연주하는 방법을 말해 보세요.

2. 연주할 수 있는 악기가 있어요?

   언제, 얼마나 배웠어요?

3. 악기를 연주하는 것과 듣는 것(감상하는 것) 중 어느 것을 더 좋아해요?

3. 사물놀이나 〈난타〉 공연을 본 적이 있어요? 어땠어요?

4. 전통음악 공연과 대중음악 공연이 있어요. 같은 날 같은 시간이어서 하나만 선택해야 해요. 어느 공연을 보러 갈 거예요?

   그 이유는 뭐예요?

WRITING

■ 다음 주제 가운데 하나를 골라 자신의 생각을 쓰세요.

1. 사물놀이와 〈난타〉의 매력
2. 가장 기억에 남는 공연
3. 내가 음악가가 된다면

제목:

사물악기

공부한 날☻ 월/ 일/ 요일

징

북

장고

꽹과리

05

온돌

PREREADING

● 각 계절마다 생각나는 것을 3가지 이상 말해 보세요.

계절	생각나는 것
봄	
여름	수영장
가을	
겨울	눈

● 가장 좋아하는 계절은 뭐예요? 그 이유는요?

● 집안에서도 신발을 신고 생활하는 나라는 어디예요?

한국에는 뚜렷한 4계절이 있습니다.
봄은 따뜻하고 여름은 덥습니다.
가을은 시원하고 겨울은 춥습니다.
한국에는 한국의 계절에 맞는 난방 방식이 있습니다.
한국 고유의 실내 난방 방식은 바로 '**온돌**'입니다.

서양과 중국은 주로 침대 생활을 합니다.
바닥에 그냥 앉지 않는 '입식 생활'을 하지요.
반면 한국인은 실내에서 신발을 신지 않습니다.
전통적으로 바닥에 앉아서 생활하는 '좌식 생활'을 해 왔습니다.
온돌은 한국인의 좌식 생활에 매우 적합한 난방 방식입니다.

온돌은 아궁이에 불을 때어 방바닥을 따뜻하게 하는 것입니다.
돌은 한번 뜨거워지면 잘 식지 않습니다.
그래서 추운 겨울에는 방바닥이 아주 따뜻합니다.
반대로 여름에는 돌의 차가운 성질 때문에 시원합니다.
한국인은 온돌로 추운 겨울을 따뜻하게, 더운 여름을 시원하게 보냅니다.

전통적인 **온돌**의 연료는 나무였습니다.
그 후에 연료가 나무에서 연탄으로 바뀌었습니다.
요즘은 개량식 온돌 보일러가 보편화되었습니다.
이것은 바닥에 파이프를 묻어 온수를 순환시키는 난방 방식입니다.
이러한 온돌 문화에서 추위를 이기는 한국인의 지혜를 엿볼 수 있습니다.

VOCABULARY

A. 알맞은 단어를 골라 문장을 완성하세요.

바뀌다	식다	방바닥	온수	계절

1. 가: 민수 씨는 어떤 ___계절___ 을/를 가장 좋아하세요?

   나: 저는 가을을 가장 좋아해요.

2. 서양 사람들은 ______ 에서 자지 않고 침대 생활을 해요.
3. 겨울에는 ______ (으)로 목욕을 합니다.
4. 국이 ______ 기 전에 드세요.
5. 계절이 봄에서 여름으로 ______ 요.

B. 알맞은 표현을 고르세요.

1. 저는 .... 이/가 좋아요. 침대는 필요없어요.

   - [ ] 입식 생활
   - [x] 좌식 생활
   - [ ] 일상생활

2. 이 일에 .... 사람을 찾고 있어요.

   - [ ] 적합한
   - [ ] 좋아하는
   - [ ] 잘하는

3. 옛날 물건을 통해 우리 조상들의 생활을 ....

   - [ ] 이길 수 있다
   - [ ] 정확하게 알 수 있다
   - [ ] 엿볼 수 있다

공부한 날☻ 월/ 일/ 요일

A. 알맞은 표현을 고르세요.

1. 온돌은 한국의 계절에 .... 난방 방식입니다.

- [x] 맞는
- [ ] 맞지 않는
- [ ] 안 어울리는

2. 한국인은 ....에서 신발을 신지 않습니다.

- [ ] 실외
- [ ] 실내
- [ ] 밖

3. 여름에는 돌의 .... 성질 때문에 시원합니다.

- [ ] 뜨거운
- [ ] 더운
- [ ] 차가운

B. 틀린 것을 맞게 고치세요.

1. 한국에는 2개의 계절이 있습니다.

→ 한국에는 사계절이 있습니다.

2. 가을은 덥고 겨울은 따뜻합니다.

→ ....

3. 한국인은 실내에서 신발을 신습니다.

→ ....

4. 돌은 한번 뜨거워지면 잘 식습니다.

→ ....

5. 여름에는 돌의 뜨거운 성질 때문에 시원합니다.

→ ....

C. 맞는 표현을 찾아 문장을 만드세요.

1. 한국에는 뚜렷한 ■	■ 여름에는 시원합니다.
2. 한국인은 ■	■ 한국인의 지혜를 엿볼 수 있습니다.
3. 온돌은 겨울에는 따뜻하고 ■	■ 잘 식지 않습니다.
4. 온돌 문화에서 추위를 이기는 ■	■ 실내에서 신발을 신지 않습니다.
5. 돌은 한번 뜨거워지면 ■	■ 사계절이 있습니다.

■ 완성된 문장을 써 보세요.

1. 한국에는 뚜렷한 사계절이 있습니다.
2.
3.
4.
5.

D. 질문에 답하십시오.

1. 한국 고유의 실내 난방 방식은 무엇입니까?

   한국 고유의 실내 난방 방식은 온돌입니다.

2. '입식 생활'과 '좌식 생활'은 무엇이 다릅니까?

3. 전통적인 온돌의 연료는 무엇이었습니까?

4. 개량식 온돌 보일러는 어떤 방식입니까?

5. 온돌 문화에서 추위를 이기는 한국인의 무엇을 엿볼 수 있습니까?

■ (　　　) 안에 알맞은 표현을 골라 쓰세요.

그리고	그래서	왜냐하면	그런데	그러니까	그래도

1. 돌은 한번 뜨거워지면 잘 식지 않습니다.
   그래서 추운 겨울에는 방바닥이 아주 따뜻합니다.
2. 마이클은 1시에 꼭 온다고 했습니다.
   ______ 2시가 될 때까지 연락이 없습니다.
3. 열이 나고 많이 아팠습니다.
   ______ 회사에 갔습니다.
4. 학교 수업이 끝나면 먼저 숙제를 합니다.
   ______ 친구들과 놀러 갑니다.
5. 오늘 비가 올 것 같아요.
   ______ 우산을 가지고 가세요.
6. 엄마가 화가 나셨습니다.
   ______ 내가 거짓말을 했기 때문입니다.
7. 오늘 날씨 좋네요.
   ______ 지금 몇 시예요?
8. 여기 비빔밥 하나 주세요.
   ______ 순두부찌개도 하나 주세요.
9. 모르는 게 많았습니다.
   ______ 선생님께 질문했습니다.
10. 나는 홍란 씨를 좋아합니다.
    ______ 홍란 씨는 나를 안 좋아합니다.

DISCUSSING

■ 자신의 생각을 친구와 함께 이야기해 보세요.

1. 온돌은 추위를 이기기 위해 생긴 한국의 난방 문화입니다.
   다른 나라에는 어떤 난방 문화가 있어요? ....

2. 더위를 이기기 위해 만들어진 물건에는 어떤 것이 있어요? (예: 부채)

   그 물건은 어떻게 쓰는 거예요? ....

3. 더위를 타요, 추위를 타요? ....

   더위와 추위 중에서 뭐가 더 싫어요? ....

   그 이유는 뭐예요? ....

WRITING

■ 다음 주제 중에서 하나를 골라 자신의 생각을 쓰십시오.

❶ 한국인과 온돌 (온돌 문화 소개, 자신의 생각 등)
❷ 다른 나라의 난방 문화

제목:

06 찜질방

PREREADING

- 피곤할 때 제일 하고 싶은 일은 뭐예요?

- 대중목욕탕에 가 본 적이 있어요? 어땠어요?

READING

매일 공부만 하고 쉬지 않으면 어떻게 될까요?
항상 일만 하고 쉬지 않으면 어떻게 될까요?
쌓인 피로와 스트레스를 풀지 않으면 어떻게 될까요?

사람들에게는 누구나 휴식이 필요합니다.
휴식은 또 다른 에너지를 만들어 줍니다.
즉, 사람들은 휴식을 통해 재충전을 합니다.

나라마다 색다른 휴식 장소와 방법이 있습니다.
한국인은 목욕을 하면서 피로를 풀기도 합니다.
뜨거운 물에 몸을 푹 담그고 '아, 시원하다'라고 말합니다.

찜질방은 요즈음 한국인들에게 사랑받는 휴식 공간 중의 하나입니다.
찜찔방에 가면 없는 것이 없습니다.
목욕탕(사우나), 식당, 노래방, PC방, DVD방, 마사지실, 수면실 등등.

한마디로 **찜질방**에 가면 목욕뿐만 아니라 식사와 놀이도 할 수 있습니다.
그래서 요즘은 가족이나 연인, 친구들이 찜질방에 함께 가는 경우도 많습니다.
이색 테마 체험이 가능한 다양한 찜질방이 계속 생기고 있습니다.

VOCABULARY

공부한 날☻ 월/ 일/ 요일

A. 어울리는 표현을 찾아 연결하세요.

1. 피로가 ■	■ 생겼어요(생기다)
2. 재충전을 ■	■ 담가요(담그다)
3. 피로를 ■	■ 풀어요(풀다)
4. 새로운 식당이 ■	■ 쌓여요(쌓이다)
5. 뜨거운 물에 몸을 ■	■ 해요(하다)
6. 부모님의 사랑을 ■	■ 받아요(받다)

B. 설명에 맞는 장소 이름을 고르세요.

노래방 목욕탕 식당 수면실 PC방 DVD방

1. 목욕을 할 수 있는 곳이에요. – 목욕탕
2. 친구들과 즐겁게 노래할 수 있는 곳이에요. –
3. 잠을 잘 수 있는 곳이에요. –
4. 인터넷이나 컴퓨터 게임을 할 수 있는 곳이에요. –
5. 영화를 볼 수 있는 곳이에요. –
6. 식사를 할 수 있는 곳이에요. –

A. 틀린 것을 맞게 고치세요.

1. 나라마다 똑같은 휴식 장소와 방법이 있습니다.

→ 나라마다 색다른 휴식 장소와 방법이 있습니다.

2. 찜질방에 가면 목욕만 할 수 있습니다.

→ ....

3. 한국인들은 목욕을 하면서 피로가 쌓입니다.

→ ....

4. 다양한 찜질방이 더 이상 생기지 않고 있습니다.

→ ....

B. 다음 문장을 맞게 완성하세요.

1. 나라마다 .... 휴식 장소와 방법이 있어요.

☐ 비슷한
☐ 똑같은
☑ 색다른

2. 찜질방에 가면 목욕뿐만 아니라 ....

☐ 식사와 휴식도 할 수 없어요
☐ 식사와 휴식도 할 수 있어요
☐ 식사와 휴식을 안 해요

3. 항상 일만 하고 쉬지 않으면 ....

☐ 피로가 쌓일 거예요
☐ 재미있을 거예요
☐ 힘이 날 거예요

C. 맞는 표현을 찾아 문장을 만드세요.

1. 사람들에게는 ■	■ 만들어 줍니다.
2. 쉬지 않으면 ■	■ 없는 것이 없습니다.
3. 목욕을 하면서 ■	■ 피로가 쌓입니다.
4. 찜질방에는 ■	■ 휴식이 필요합니다.
5. 휴식은 또 다른 에너지를 ■	■ 피로를 풀 수 있습니다.

■ 완성된 문장을 써 보세요.

1. 사람들에게는 휴식이 필요합니다.
2. ....
3. ....
4. ....
5. ....

D. 본문을 읽고 다음 질문에 답하세요.

1. 사람들에게는 왜 휴식이 필요합니까?
   휴식은 또 다른 에너지를 만들어 주기 때문입니다.
2. 찜질방에 가면 식사도 할 수 있습니까?
   ....
3. 어떤 사람들이 찜질방을 찾습니까?
   ....
4. 한국인은 뜨거운 물에 몸을 담그고 뭐라고 말합니까?
   ....
5. 어떤 찜질방이 계속 생기고 있습니까?
   ....

공부한 날☻ 월/ 일/ 요일

■ 친구에게 찜질방에 대한 이야기를 해 주려고 합니다. 밑줄 친 부분을 '반말'로 바꿔 쓰세요. 그리고 큰 소리로 읽어 보세요.

1. 사람들에게는 누구나 휴식이 필요합니다.(필요해)
2. 휴식은 또 다른 에너지를 만들어 줍니다.
3. 즉, 사람들은 휴식을 통해 재충전을 합니다.
4. 나라마다 색다른 휴식 장소와 방법이 있습니다.
5. 한국인은 목욕을 하면서 피로를 풀기도 합니다.
6. 뜨거운 물에 몸을 푹 담그고 '아, 시원하다'라고 말합니다.
7. 찜질방은 요즈음 한국인들에게 사랑받는 휴식 공간 중의 하나입니다.
8. 찜찔방에 가면 없는 것이 없습니다.
9. 목욕탕(사우나), 식당, 노래방, PC방, DVD방, 마사지실, 수면실 등등.
10. 한마디로 찜질방에 가면 목욕뿐만 아니라 식사와 놀이도 할 수 있습니다.
11. 그래서 요즘은 가족이나 연인, 친구들이 찜질방에 함께 가는 경우도 많습니다.
12. 이색 테마 체험이 가능한 다양한 찜질방이 계속 생기고 있습니다.

1. 사람들에게는 누구나 휴식이 필요해.
2. ......
3. ......
4. ......
5. ......
6. ......
7. ......
8. ......

9. ....

10. ....

11. ....

12. ....

DISCUSSING

■ 자신의 생각을 친구와 함께 이야기해 보세요.

1. 샤워와 목욕은 뭐가 달라요? ....

   샤워와 목욕 중 어떤 것을 좋아해요? ....

   그 이유는 뭐예요? ....

2. 한국과 다른 나라의 목욕법은 어떻게 달라요? ....

   때를 밀어 본 적 있어요? ....

   어땠어요? ....

3. 기후와 목욕법에는 어떤 관계가 있다고 생각해요? ....

   ....

4. 다른 나라에도 한국의 찜질방 같은 곳이 있어요? ....

   ....

공부한 날☻ 월/ 일/ 요일

■ 친구에게 '피로를 풀 수 있는 좋은 방법'을 3가지 이상 제안해 주세요. (반말로 쓰세요)

예) 푹 자면 피로를 풀 수 있어.

제목:

07

김치

PREREADING

● 양념의 이름을 알고 있는 대로 말해 보세요. 그 양념은 어떤 맛이에요?

양념	맛
간장	짜다

● 다음은 김치에 대한 내용입니다. 맞아요, 틀려요?

김치는 모두 맵다. (○, ×)

김치의 종류는 10가지 정도이다. (○, ×)

김치는 담가 놓고 오랫동안 먹을 수 있다. (○, ×)

다음은 외국인이 **김치**에 대해 자주 하는 질문입니다.
"한국 사람은 매일 김치를 먹어요?", "아이들은 언제부터 김치를 먹어요?",
"김치는 어떻게 만들어요?", "요즘도 모두 김치를 집에서 만들어 먹어요?"

한국인의 주식은 밥이고, 국과 반찬을 함께 먹습니다.
반찬 가운데서 가장 대표적인 것이 **김치**입니다.
한국인은 김치를 통해서 야채를 충분히 섭취합니다.
김치의 종류는 재료와 만드는 법에 따라 100가지가 넘습니다.
매운 김치가 많지만, 맵지 않은 김치도 있습니다.
어떤 아이들은 김치를 좋아하지만 그렇지 않은 아이들도 있습니다.

김치는 전통적인 발효음식입니다.
야채를 소금에 절여서 오랫동안 먹을 수 있도록 만든 음식이지요.
김치를 만들 때는 보통 한 번에 넉넉한 양을 만듭니다.
겨울 내내 먹을 김치를 담그는 것을 '**김장**'이라고 합니다.
옛날 냉장고가 없던 때에는 김치 항아리를 땅속에 묻어서 저장했습니다.
그래서 한겨울에도 맛있는 김치를 먹을 수 있었습니다.
요즈음은 각 가정마다 '김치 냉장고'가 보편화되었습니다.
김치 냉장고는 1년 내내 김치의 맛을 맛있게 지켜 줍니다.
요즘은 슈퍼마켓이나 백화점에서 파는 '포장김치'도 인기가 많습니다.

김치는 그냥 먹어도 맛있지만 김치로 만든 요리도 맛있습니다.

김치찌개, 두부김치, 김치부침개, 김치삼겹살, 김치김밥, 김치볶음밥 등, 김치는 어떤 요리에도 잘 어울립니다.

이렇게 김치를 사랑하는 한국인들은 해마다 김치 축제도 엽니다.

서울 삼성동에 있는 아셈 컨벤션 센터에는 '**김치 박물관**'이 있습니다.

그곳에 가면 김치의 역사와 만드는 법 등에 대해 배울 수 있습니다.

김치는 이제 한국인뿐만 아니라 세계인이 사랑하는 음식이 되었습니다.

그래서 김치문화를 배우러 '김치 관광'을 오는 외국인도 많아졌습니다.

VOCABULARY

공부한 날☻ 월/ 일/ 요일

A. 다음에서 알맞은 표현을 골라 문장을 완성하세요.

-에 대해	-에 따라	-을/를 통해	넉넉하다
보편화	열다	내내	절이다

1. 손님이 오기 전에 음식을 넉넉하 게 준비해요.
2. 오이를 소금에 ______ 서 오이피클을 만들어요.
3. 핸드폰과 인터넷 사용이 ______ 되었어요.
4. 고향으로 돌아가는 친구를 위해 송별회를 ______ 요.
5. 이번 주는 일주일 ______ 바빴어요.
6. 이메일 ______ 친구와 연락해요.
7. 날씨 ______ 입는 옷이 달라요.
8. 결혼 ______ 아직 생각해 보지 않았어요.

B. 문장을 알맞게 완성하세요.

1. 어제 한국 친구와 처음으로 김치를 .... 생각보다 만들기 쉬웠어요.
   - ☐ 사 보았는데
   - ☑ 담가 보았는데
   - ☐ 먹어 보았는데

2. 주로 먹는 음식을 ....(이)라고 합니다. 나라마다 ....이/가 다릅니다.
   - ☐ 주식
   - ☐ 간식
   - ☐ 별식

3. 선물을 예쁘게 ....해서 선생님께 드렸어요.
   - ☐ 섭취
   - ☐ 발효
   - ☐ 포장

COMPREHENSION

A. 질문에 맞는 답을 고르세요.

1. 옛날에는 김치를 어떻게 저장했습니까?
   - ☐ 실온에 저장
   - ☐ 김치 냉장고에 저장
   - ☑ 김치 항아리를 땅에 묻어 저장

2. 외국사람들이 김치 관광을 오는 이유는 무엇입니까?
   - ☐ 김치 문화를 알고 싶어서
   - ☐ 김치를 좋아하지 않기 때문에
   - ☐ 김치를 팔기 위해서

3. '포장김치'가 잘 팔리는 이유는 무엇일까요?
   - ☐ 사 먹는 것이 편하기 때문에
   - ☐ 집에서 모두 김치를 만들기 때문에
   - ☐ 포장김치의 포장이 예쁘기 때문에

B. 맞는 단어를 찾아 쓰세요.

1. 한국인의 (주식) 은/는 밥이고, 국과 반찬을 함께 먹습니다.
2. 겨울 내내 먹을 김치를 담그는 것을 '( )'이라고 합니다.
3. 김치는 야채를 ( ) 에 절여서 오랫동안 먹을 수 있게 만든 발효음식입니다.
4. 요즈음은 김치 항아리 대신 ( ) 에 김치를 넣어 저장합니다.

C. 맞는 표현을 찾아 문장을 만드세요.

1. 한국인의 주식은 밥이고 ■	■ 전통적인 발효 음식입니다.
2. 김치는 ■	■ 해마다 김치축제도 엽니다.
3. 김치는 그냥 먹어도 맛있지만 ■	■ 야채를 충분히 섭취합니다.
4. 김치를 사랑하는 한국인은 ■	■ 국과 반찬을 함께 먹습니다.
5. 한국인은 김치를 통해서 ■	■ 김치로 만든 요리도 맛있습니다.

공부한 날☻ 월/ 일/ 요일

■ 완성된 문장을 써 보세요.

1. 한국인의 주식은 밥이고, 국과 반찬을 함께 먹습니다.
2.
3.
4.
5.

D. 본문을 읽고 다음 질문에 답하세요.

1. 외국인들은 김치에 대해 어떤 질문을 자주 합니까?
   한국 사람들이 매일 김치를 먹는지 물어 봅니다.
   아이들이 언제부터 김치를 먹는지 질문합니다.
2. 한국인은 김치를 통해서 충분한 육류를 섭취합니까?
3. 한국의 모든 아이들이 김치를 좋아합니까?
4. 옛날에는 김치 항아리를 집안에 두었습니까?
5. 김치 박물관에 가면 무엇을 배울 수 있습니까?

■ 처음과 지금의 모습이 달라진 것이 있습니까? 다음 표를 완성해 보세요.

	과거	현재
1	옛날에는 거리가 복잡하지 않았어요.	요즘은 거리가 복잡해요.
2	아침에는 날씨가 좋았어요.	지금은 흐려요.
3	작년에는 물건 값이 쌌어요.	올해는 비싸요.
4	전에는 관광객이 적었어요.	최근에는 관광객이 많아요.
5	어릴 때는 못생겼어요.	지금은 예뻐요.
6	처음에는 한국어 공부가 쉬웠어요.	지금은 한국어 공부가 어려워요.
7	아까 교실이 시끄러웠어요.	지금은 조용해요.
8		
9		
10		

■ 위의 표에서 무엇이 어떻게 달라졌는지, '-아/어지다'를 넣어 한 문장으로 써 보세요.

1. 옛날에는 거리가 복잡하지 않았는데 요즘은 복잡해졌어요.
2.
3.
4.
5.
6.
7.
8.
9.
10.

■ 자신의 생각을 친구와 함께 이야기해 보세요.

1. 김치를 먹어 보았어요?

김치를 좋아해요? 좋아하지 않아요?

그 이유는 뭐예요?

2. 김치와 같은 저장 음식이 다른 나라에도 많이 있습니다.

어떤 것이 있는지 알고 있어요?

3. 매운 음식을 좋아해요?

다른 나라에는 어떤 매운 음식이 있어요?

매운 음식이 다이어트에 효과가 있다고 생각해요?

4. 김치로 어떤 요리를 만들 수 있을까요? 좋은 아이디어를 이야기해 보세요.

WRITING

공부한 날☻ 월/ 일/ 요일

■ 아래의 주제 가운데 하나를 골라 자신의 생각을 쓰세요.

① 김치는 점점 세계화되고 있다. '김치를 더 많은 나라에 알릴 수 있는 좋은 방법'은 무엇일까?

② 김치에 대해서 궁금한 점 3가지

③ 매일 먹어도 질리지 않는 음식

제목:

08 떡

PREREADING

- 쌀로 만든 음식에는 어떤 것이 있어요? 아는 대로 말해 보세요.

- 그것은 어떻게 만든 거예요? 어느 나라의 어떤 음식이에요?

떡은 쌀로 만든 한국 고유의 음식입니다.
먼저 쌀가루에 여러 가지 재료를 섞습니다.
그리고 그것을 찌거나 삶으면 떡이 됩니다.
떡은 만드는 재료나 방법에 따라 여러 가지 종류가 있습니다.
또 지방이나 각 가정에 따라 맛이 다양합니다.
떡은 모양과 맛이 좋고 먹기에도 편합니다.
가지고 다니기가 편해서 간식으로 매우 좋습니다.

떡은 특별한 날에 빠지지 않는 음식입니다.
한국인은 생일, 결혼식, 제사, 명절 때 떡을 준비합니다.
그리고 많은 사람들과 함께 나누어 먹습니다.
떡을 나누어 먹으면서 기쁜 일, 슬픈 일을 함께 합니다.
가령, 아기가 태어난 지 100일째가 되면 '**백일 떡**'을 만들어 돌립니다.
그리고 함께 아기의 건강한 성장을 기원합니다.

명절마다 특별한 떡과 떡 요리가 있습니다.
설날에는 떡을 넣어 만든 **떡국**을 먹습니다.
떡국을 먹으면서 나이를 한 살 더 먹는다고 생각합니다.
그리고 추석에는 **송편**을 빚어 먹습니다.
송편을 예쁘게 빚으면 나중에 예쁜 딸을 낳는다고 말합니다.

떡 요리에 **떡볶이**를 빼 놓을 수 없습니다.
떡볶이는 고추장을 넣어 맵게 만든 간식입니다.
떡볶이는 고유 음식은 아니지만 많은 사람들이 좋아합니다.
요즈음은 '퓨전 떡'도 유행입니다.
이것은 전통적인 떡을 현대인이 더 좋아할 수 있게 만든 것입니다.
생일에 케이크 대신에 '**떡 케이크**'를 사는 사람도 많아지고 있습니다.

VOCABULARY

공부한 날☻ 월/ 일/ 요일/

A. 어울리는 표현을 연결하세요.

1. 10을 5로 나누면 ■	■ 빚어 먹어요.
2. 추석에 송편을 ■	■ 낳을 수 없어요.
3. 남자가 아기를 ■	■ 가지고 다녀요.
4. 계란을 삶으면 ■	■ 유행이에요.
5. 여자들은 화장품을 ■	■ 삶은 계란이 돼요.
6. 이 옷이 요즈음 ■	■ 2가 돼요.

B. 다음 문장을 완성하세요.

1. 아기가 태어난 지 100일째 되는 날을 ....(이)라고 합니다.
   - ☑ 백일
   - ☐ 돌
   - ☐ 두 돌

2. ....은/는 한국인이 좋아하는 매운 양념 중의 하나입니다.
   - ☐ 된장
   - ☐ 고추장
   - ☐ 간장

3. 설날이나 추석과 같은 날을 ....(이)라고 합니다.
   - ☐ 잔치
   - ☐ 제사
   - ☐ 명절

4. 검은 색과 흰 색을 .... 회색이 됩니다.
   - ☐ 섞으면
   - ☐ 나누면
   - ☐ 빼면

5. 부모님은 자식이 잘 되기를 .... 합니다.

☐ 건강
☐ 기원
☐ 성장

6. 영희 씨가 .... 재미없으니까 다음 모임에 꼭 오세요.

☐ 많아지면
☐ 돌리면
☐ 빠지면

7. 저는 나이를 .... 것이 싫어요.

☐ 드는
☐ 먹는
☐ 느는

COMPREHENSION

A. 틀린 것을 맞게 고치세요.

1. 송편은 설날에 먹는 떡입니다.

→ 송편은 추석에 먹는 떡입니다.

2. 떡은 밀가루로 만듭니다.

→ ....

3. 특별한 날 한국인은 떡을 혼자 먹는 습관이 있습니다.

→ ....

4. 떡국은 매운 양념을 한 현대적인 떡 요리입니다.

→ ....

5. 송편을 크게 빚으면 나중에 예쁜 딸을 낳는다고 말합니다.

→ ....

B. 문장을 완성하세요.

1. '퓨전 떡'은 ....

- ☐ 전통적인 떡입니다.
- ☐ 나이 드신 어른들만 좋아하는 떡입니다.
- ☑ 요즈음 사람들이 좋아하도록 만든 떡입니다.

2. 떡은 ....

- ☐ 맛은 좋지만 모양은 예쁘지 않습니다.
- ☐ 종류가 다양합니다.
- ☐ 제사 때는 준비하지 않습니다.

3. 생일에 케이크 대신에 ....

- ☐ 간식으로 매우 좋아요.
- ☐ 떡볶이가 매워요.
- ☐ 떡 케이크를 준비하는 사람도 있어요.

C. 맞는 표현을 찾아 문장을 만드세요.

1. 떡은 모양과 맛이 좋고 ■	■ 송편을 빚어 먹습니다.
2. 추석에는 ■	■ 떡 요리가 있습니다.
3. 명절마다 특별한 떡과 ■	■ 먹기에도 편합니다.
4. 떡은 만드는 방법과 재료에 따라 ■	■ 백일 떡을 준비합니다.
5. 아기가 태어난 지 100일째가 되면 ■	■ 종류가 다양합니다.

■ 완성된 문장을 써 보세요.

1. 떡은 모양과 맛이 좋고 먹기에도 편합니다.
2. ....
3. ....
4. ....
5. ....

D. 본문을 읽고 다음 질문에 답하세요.

1. 떡은 어떤 음식입니까?

   쌀로 만든 한국 고유의 음식입니다.

2. 쌀가루에 여러 가지 재료를 섞은 후에 어떻게 하면 떡이 됩니까?

   ....

3. 떡은 왜 간식으로 매우 좋습니까?

   ....

4. 백일 떡을 함께 먹으며 무엇을 기원합니까?

   ....

5. 떡볶이는 고유 음식입니까?

   ....

공부한 날☻ 월/ 일/ 요일

■ 내가 들은 이야기를 다른 사람에게 말하는 연습을 해 보세요.(-대요, -래요)

	내가 들은 이야기	들은 이야기를 다른 사람에게 할 때
1	"송편을 예쁘게 빚으면 나중에 예쁜 딸을 낳아요."	송편을 예쁘게 빚으면 나중에 예쁜 딸을 낳는대요.
2	"한국 사람은 떡을 즐겨 먹어요."	
3	"떡볶이에는 고추장이 들어가요."	
4	"아키코 씨는 일본사람이에요."	
5	"어제 비가 왔어요."	
6	"명절마다 특별한 떡 요리가 있어요."	
7	"떡은 종류가 여러 가지예요."	
8	"시험이 어려웠어요."	
9	"선생님이 결혼하실 거예요."	
10	"내일부터 추워질 거예요."	

■ 자신의 생각을 친구와 함께 이야기해 보세요.

1. 음식을 함께 나눠 먹는 것을 좋아해요? ....

어떨 때, 누구와, 어떤 음식을 나눠 먹어요? ....

....

2. 추석에는 '송편', 설날에는 '떡국'과 같이 명절에는 특별한 음식이 있습니다. 다른 나라의 경우를 소개해 보세요.

명절 또는 특별한 날(나라)	특별한 음식
설날(한국)	떡국
추석(한국)	송편

3. 한국 속담에 '누워서 떡먹기'라는 것이 있습니다.
'~는 것은 누워서 떡먹기예요'라고 말하는데 이것은 무슨 뜻일까요?

....

....

....

WRITING

■ 떡은 전통적인 음식입니다. 그리고 요즈음 사람들도 매우 좋아하는 간식입니다.

자신이 가장 즐기는 간식을 한 가지만 소개해 보세요. (이름, 재료, 모양, 좋은 점, 먹는 때와 장소 등)

제목:

09

제주도

PREREADING

- 세계에서 유명한 휴양지의 이름을 알고 있는 대로 말해 보세요.

- 유명한 휴양지의 공통점은 무엇일까요?

- 신혼 여행지로 가장 유명한 곳을 소개해 보세요.

- 제주도와 관계가 깊은 것을 찾아보세요.

☐ 육지 ☐ 섬 ☐ 공장 ☐ 고층 아파트
☐ 북쪽 ☐ 남쪽 ☐ 공해 ☐ 바람
☐ 해녀 ☐ 해산물

한국의 행정구역은 '1특별시 6광역시 9도'로 되어 있습니다.
1특별시(特別市)는 서울특별시입니다.
6광역시(廣域市)는 부산·대구·인천·광주·대전·울산광역시를 말합니다.
9도(道)는 경기도, 강원도, 충청북도, 충청남도, 경상북도, 경상남도, 전라북도, 전라남도, 제주도입니다.

이 가운데 제주도(濟州道)는 한국에서 가장 큰 섬(島)이기도 합니다.
제주도(濟州島)는 사계절이 비교적 따뜻하고 자연경관이 아름다운 곳입니다.
산과 들, 바다가 함께 어우러진 독특한 자연환경을 이루고 있습니다.
그래서 한국인뿐만 아니라 외국인도 많이 찾는 관광지입니다.

제주도의 옛 이름은 탐라입니다.
또 제주도는 '삼다도(三多島)'라고도 불립니다.
삼다도는 세 가지가 많은 섬이라는 뜻입니다.
이 세 가지는 돌, 바람, 여자를 말합니다.

제주도의 모양은 동서로 73km, 남북으로 41km의 타원형으로 되어 있습니다.
섬의 중앙에는 해발 1,950m의 한라산이 있습니다.
이 때문에 제주도의 남쪽과 북쪽은 기온차가 매우 큽니다.
한라산에는 고도에 따라 다양한 식물들이 분포하고 있습니다.

제주도에서 유명한 볼거리, 먹을거리들은 무엇이 있을까요?
제주도 하면 가장 먼저 떠오르는 것은 돌하르방과 해녀입니다.
또한 제주도는 감귤, 유채꽃, 조랑말로도 유명합니다.
제주도의 향토 음식은 해물뚝배기, 갈치구이, 옥돔구이 등입니다.

VOCABULARY

A. 밑줄 친 부분의 설명으로 맞는 것을 고르세요.

1. 한라산에는 고도에 따라 다양한 식물들이 분포하고 있습니다.

☐ 큰 정도
☑ 높은 정도
☐ 넓은 정도

2. 여기는 매우 독특한 곳입니다.

☐ 무서운
☐ 신기하고 웃기는
☐ 다른 것과 비슷하지 않고 특별한

3. 남쪽과 북쪽의 기온차가 큽니다.

☐ 공기 온도의 차이
☐ 기압의 차이
☐ 계절 차이

4. 제주도에는 해녀가 있습니다.

☐ 취미로 해산물을 찾으러 바닷속에 들어가는 여자
☐ 바닷속에서 수영을 잘하는 여자
☐ 직업적으로 바닷속에서 해산물을 찾아오는 여자

B. 다음 문장을 완성하세요.

1. 시험을 .... 잘 보았지만 1등은 아니다.

☐ 그다지 ☐ 비교적 ☐ 제일

2. ....은/는 사람이 만들 수 없다.

☐ 책 ☐ 음식 ☐ 자연경관

공부한 날☻ 월/ 일/ 요일

A. 알맞은 표현을 골라 다음 문장을 완성하세요.

1. 제주도의 옛 이름은 무엇입니까?

- ☐ 돌하르방
- ☑ 탐라
- ☐ 삼다수

2. 다음 설명 중 맞는 것을 고르세요.

- ☐ 제주도는 타원형으로 생긴 섬이다.
- ☐ 제주도는 네모나게 생긴 섬이다.
- ☐ 제주도는 동그랗게 생긴 섬이다.

3. 많은 관광객이 제주도를 찾는 이유는 무엇입니까?

- ☐ 서울처럼 교통이 매우 편리해서
- ☐ 추운 날씨 때문에
- ☐ 아름다운 자연환경 때문에

B. 다음 ______ 안에 알맞은 표현을 쓰십시오.

1. 한국의 ______ 은/는 1특별시 6광역시 9도입니다.

2. 1 특별시는 서울특별시이고
   6 광역시는 ______, ______, ______, ______,
   ______, ______ 입니다.

3. 제주도의 ______ 은/는 탐라입니다.

4. 제주도의 모양은 ______ (으)로 되어 있습니다.

공부한 날☺ 월/ 일/ 요일

C. 맞는 표현을 찾아 문장을 만드세요.

1. 제주도는 세 가지가 많아서 ■ ■ 가장 큰 섬입니다.
2. 해물뚝배기는 ■ ■ 기온차가 매우 큽니다.
3. 제주도는 한국에서 ■ ■ 삼다도라고 불립니다.
4. 제주도의 남쪽과 북쪽은 ■ ■ 제주도의 향토 음식입니다.
5. 제주도는 감귤과 유채꽃으로 ■ ■ 유명합니다.

■ 완성된 문장을 써 보세요.

1. 제주도는 세 가지가 많아서 삼다도라고 불립니다.
2. ......
3. ......
4. ......
5. ......

D. 다음 질문에 답하세요.

1. 제주도는 무엇으로 유명합니까?
   제주도는 감귤, 유채꽃, 조랑말 등으로 유명합니다.
2. 한국에는 9개의 도가 있습니다. 그 이름을 모두 써 보세요.
   ......
3. 제주도는 '삼다도'라고도 불립니다. 삼다도란 무슨 뜻입니까?
   ......
4. 제주도에 있는 높은 산 이름은 무엇입니까? 그 산은 해발 몇 미터입니까?
   ......

공부한 날☻ 월/ 일/ 요일

■ 다음 문장을 알맞게 완성하세요.(능동 → 피동)

1. 옛날부터 사람들이 제주도를 '삼다도'라고 불렀어요. 부르다
   지금도 제주도는 '삼다도'로 (불려요). 불리다
2. 엄마가 아기를 등에 업어요. 업다
   아기는 엄마에게 ( )는 것을 좋아해요. 업히다
3. 나는 혼자 라디오를 자주 들어요. 듣다
   가끔 시끄러운 소리 때문에 라디오가 잘 안( ). 들리다
4. 오른쪽에 있는 높은 산을 보았어요. 보다
   등산하고 있는 사람들이 ( ). 보이다
5. 누가 이 물건을 써요? 쓰다
   이 물건은 어디에 ( )? 쓰이다
6. 가게에서 아저씨가 과일을 팔아요. 팔다
   아저씨는 과일이 많이 ( )면 기분이 좋아요. 팔리다
7. 가: 문 좀 열어 주세요. 열다
   나: 그 문은 자동문이니까 저절로 ( ). 열리다
8. 가: 누가 문을 닫았어요? 닫다
   나: 바람 때문이 문이 저절로 ( ). 닫히다
9. 아까 나는 책상 위에 책을 놓았어요. 놓다
   지금도 책상 위에 그 책이 (놓여 있어요). 놓이다
10. 지난주에 엄마가 벽에 가족사진을 걸었어요. 걸다
    지금도 벽에 가족사진이 ( ). 걸리다

DISCUSSING

■ 자신의 생각을 친구와 함께 이야기해 보세요.

1. 섬과 육지는 무엇이 달라요? (자연 환경, 음식, 교통 등)

   섬과 육지 중에서 어디에서 살고 싶어요?

   그 이유는 뭐예요?

2. 다른 나라에도 해녀가 있어요?

3. 제주도에 가 본 적이 있어요?

   어땠어요?

4. 일주일 동안 휴가를 떠날 수 있다면 어디로 가고 싶어요?

   그곳에서 무엇을 하고 싶어요?

WRITING

공부한 날☻ 월/ 일/ 요일

■ 다음 주제 가운데 하나를 골라 자신의 생각을 쓰세요.

1. 아름다운 섬 제주도
2. 내가 좋아하는(가고 싶은) 휴양지
3. 제주도에 갈 때 가지고 갈 물건과 그 이유(3가지 이상)

제목:

한국 지도

공부한 날☻ 월/ 일/ 요일

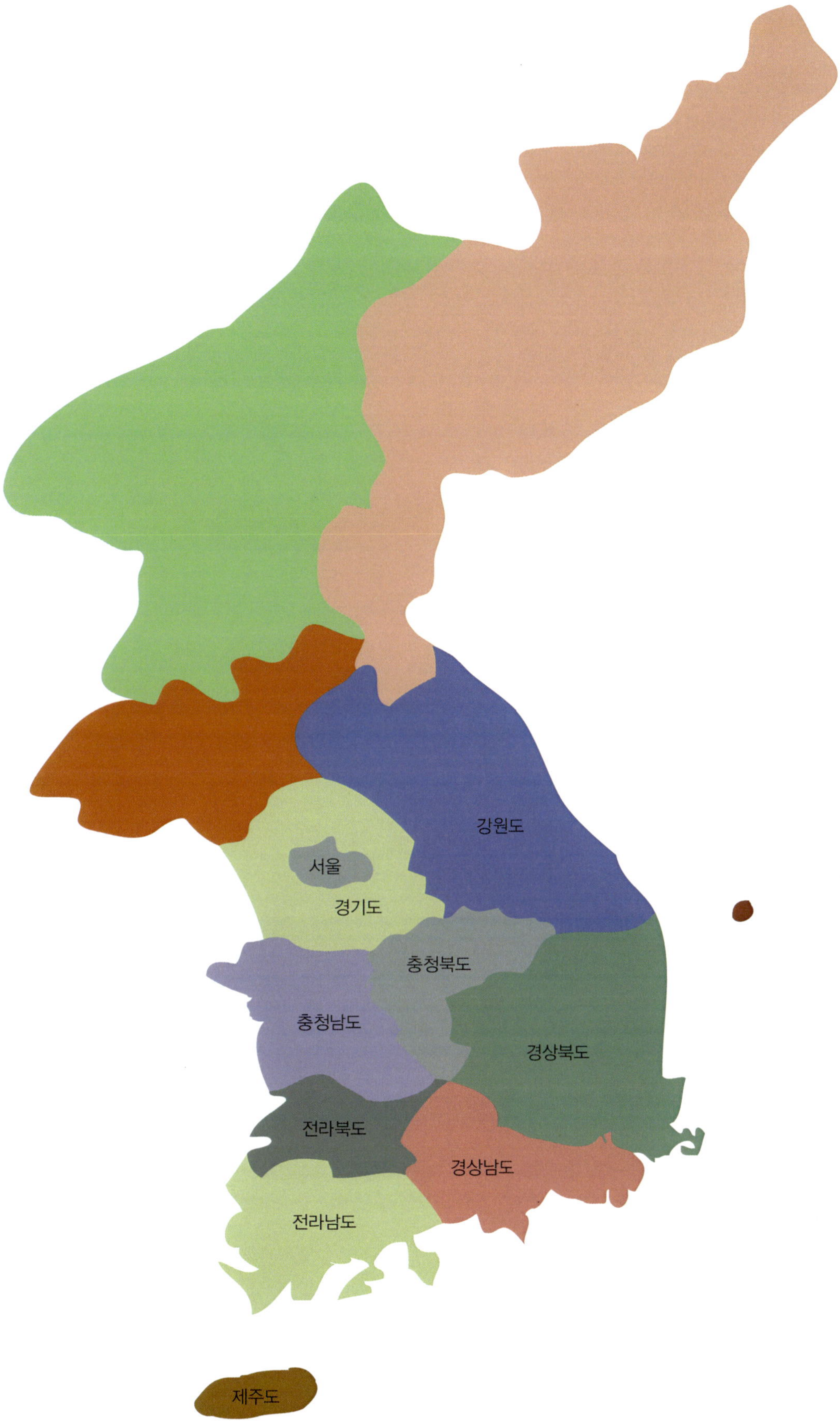

제주도와 한라산

공부한 날☻ 월/ 일/ 요일

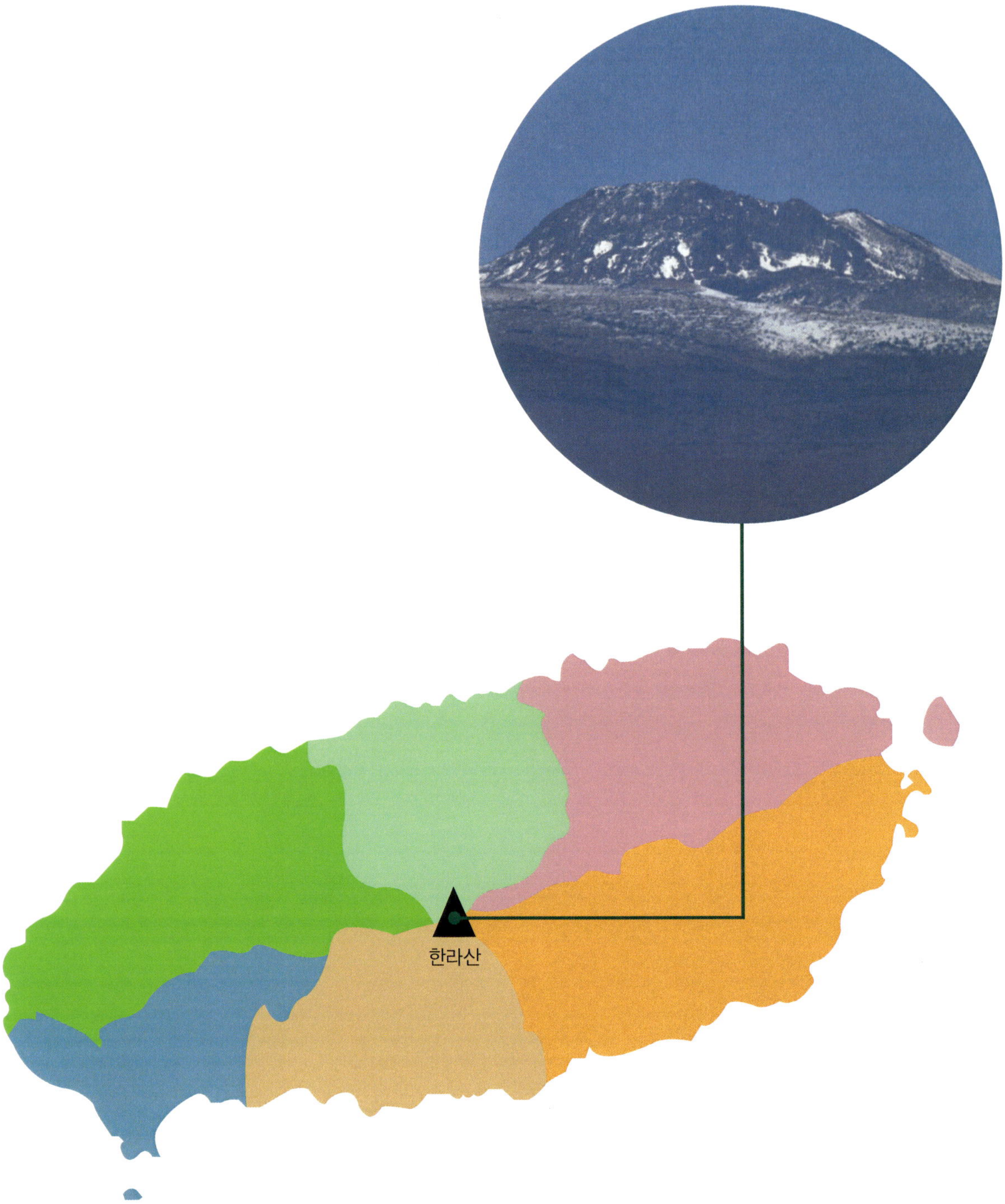

10

서울

PREREADING

● 국가와 수도 이름을 아는 대로 말해 보세요.

나라 이름(국가)	수도
중국	북경(베이징)

● 서울에서 가 본 곳의 이름을 말해 보세요. 또는 알고 있는 곳의 이름을 말해 보세요.

____

____

나라마다 그 나라를 대표하는 도시가 있습니다.
한국의 수도는 **서울**입니다.
서울은 600년이 넘는 역사를 가지고 있습니다.
서울은 정치, 경제, 교육, 문화, 교통 등의 중심지입니다.

서울을 상징하는 동물은 호랑이입니다.
서울을 상징하는 새는 까치입니다.
서울을 상징하는 나무는 은행나무입니다.
서울을 상징하는 꽃은 개나리입니다.

서울은 인구밀도가 매우 높은 대도시입니다.
서울의 면적은 전 국토의 0.6%에 불과합니다.
한국 전체 인구의 4분의 1이 서울에 집중되어 있습니다.
그러나 지하철과 버스 등의 대중교통 수단이 발달하여 이동이 편리합니다.

서울의 한가운데에는 **한강**이 흐르고 있습니다.
한강대교를 비롯하여 한강을 건너는 20여 개의 다리가 있습니다.
한강 주변의 공원은 많은 사람들에게 사랑받는 휴식처가 되고 있습니다.
그곳에는 한강 유람선, 운동시설, 수상스키장, 낚시터, 자전거도로 등이 있습니다.

서울은 25개의 구로 나뉘어 있습니다.
그 중에서 서울 중심에 있는 종로구와 중구를 가르는 큰 하천이 있습니다.
그것은 3670m의 **'청계천'**입니다.
청계천을 걸어가면 여러 테마별 작은 공원들을 지나 청계광장에 다다릅니다.

READING

공부한 날☻ 월/ 일/ 요일
본문을 읽은 시간☻ 분/

서울에는 큰 축제들이 매년 열리고 있습니다.
'하이 서울 페스티벌', '서울 드럼 페스티벌', '서울 세계 불꽃축제' 등입니다.
이 축제들은 서울을 찾는 해외 관광객들에게 좋은 반응을 얻고 있습니다.
서울을 더 알고 싶으면 **시청** 1층에 있는 '서울 홍보관'에 가 보세요.

A. 설명에 맞는 단어를 고르세요.

다다르다	면적	인구밀도	수도	하천	중심	주변

1. 근처 – 주변
2. 한가운데 –
3. 시냇물 –
4. 한 나라의 중앙 정부가 있는 도시 –
5. 한 지역의 인구의 많고 적음의 정도 –
6. 넓이 –
7. 도착하다 –

B. 다음 문장에 맞는 표현을 고르세요.

1. 한국을 .... 외국인이 늘고 있다.

- ☐ 가는
- ☑ 찾는
- ☐ 좋은

2. 우리 반 학생 .... 3분의 2가 남학생이다.

- ☐ 역사가
- ☐ 연결된
- ☐ 전체의

3. 재미있는 축제가 .... 곳을 알려 주세요.

- ☐ 열리는
- ☐ 얻는
- ☐ 편리한

4. 비둘기는 자유를 .... 새이다.

- ☐ 구성된
- ☐ 상징하는
- ☐ 없는

5. 아이의 눈에 눈물이 ....

- ☐ 흐르고 있어요
- ☐ 발달되어 있어요
- ☐ 얻고 있어요

6. 축구를 비롯해서 ....

- ☐ 테니스는 싫어요
- ☐ 좋아하는 운동이 많아요
- ☐ 잘해요

7. 나이는 아직 10살에 불과하지만 ....

- ☐ 생각은 어른 같다
- ☐ 어리다
- ☐ 곧 11살이 된다

A. 틀린 것을 고치세요.

1. 서울은 대중교통 수단이 발달하지 않아 이동이 불편합니다.

→ 서울은 대중교통 수단이 발달하여 이동이 편리합니다.

2. 서울은 600년이 안 되는 역사를 가지고 있습니다.

→ ....

3. 한국 전체 인구의 2분의 1이 서울에 집중되어 있습니다.

→ ....

4. 한강 주변의 공원은 어린이들에게만 사랑받는 휴식처입니다.

→ ....

5. 한강은 종로구와 중구를 연결하는 큰 하천입니다.

→ ....

B. 다음 문장을 맞게 완성하세요.

1. 한국의 수도는 ....

- ☐ 부산입니다
- ☑ 서울입니다
- ☐ 전주입니다

2. 서울은 인구밀도가 ....

- ☐ 매우 낮은 도시입니다
- ☐ 매우 높은 도시입니다
- ☐ 낮지도 높지도 않은 도시입니다

3. 한강에는 ....

- ☐ 한강을 건너는 다리가 많습니다
- ☐ 아무 것도 없습니다
- ☐ 한강대교가 하나 있습니다

4. 서울은 정치, 경제, 교육, 문화, 교통의 ....

☐ 편리합니다
☐ 중심지입니다
☐ 휴식처입니다

5. 서울의 축제들은 .... 좋은 반응을 얻고 있습니다.

☐ 해외 관광객들처럼
☐ 해외 관광객들이
☐ 해외 관광객들에게

C. 맞는 표현을 찾아 문장을 만드세요.

1. 한국 전체 인구의 4분의 1이 ■ ■ 약 20개의 다리가 있습니다.
2. 대중교통 수단이 발달하여 ■ ■ 시민들에게 좋은 휴식처입니다.
3. 한강을 건너는 ■ ■ 서울에 집중되어 있습니다.
4. 한강 주변의 공원은 ■ ■ 이동이 편리합니다.
5. 서울을 상징하는 동물은 ■ ■ 호랑이입니다.

■ 완성된 문장을 써 보세요.

1. 한국 전체 인구의 4분의 1이 서울에 집중되어 있습니다.
2. ....
3. ....
4. ....
5. ....

D. 다음 질문에 답하세요.

1. 서울의 면적은 전 국토의 몇 퍼센트입니까?

서울의 면적은 전 국토의 0.6%입니다.

2. 서울은 몇 개의 '구'로 나뉘어 있습니까?

3. 서울을 상징하는 새는 무엇입니까?

4. 서울에는 어떤 축제들이 열리고 있습니까?

5. 서울에 대한 정보를 어디에서 얻을 수 있습니까?

■ 다음 대화를 완성하세요. 진하게 된 부분을 묻는 질문을 만드세요.

1. 가: 서울의 한가운데에는 무슨 강이 흐르고 있습니까?

   나: 서울의 한가운데에는 **한강**이 흐르고 있습니다.

2. 가: ....?

   나: 한강 주변의 공원에는 **한강 유람선, 운동시설, 수상스키장 등**이 있습니다.

3. 가: ....?

   나: 서울을 상징하는 꽃은 **개나리**입니다.

4. 가: ....?

   나: **작년**에 한국에 왔습니다.

5. 가: ....?

   나: 다음 학기에는 **이 선생님**이 3급 반을 가르치십니다.

6. 가: ....?

   나: 이번 주말에 **롯데월드**에 갈 거예요.

7. 가: ....?

   나: 회사에 들어간 지 **6개월** 되었어요.

8. 가: ....?

   나: 아니오, **매운 음식은 못 먹어요**.

9. 가: ....?

   나: 글쎄요, 한국어를 배워 보니까 **생각보다 어려워요**.

10. 가: ....?

    나: **착하고 씩씩한 남자**가 좋아요.

공부한 날☻ 월/ 일/ 요일

■ 자신의 생각을 친구와 함께 이야기해 보세요.

1. 세계의 유명한 도시 이름을 말해 보세요. 그 도시 하면 떠오르는 것은 뭐예요?
예) "프랑스의 파리 하면 에펠탑이 떠올라요."

도시 이름(나라 이름)	떠오르는 것(유명한 것)
파리(프랑스)	에펠탑

2. 지금까지 가 본 도시 중에서 가장 기억에 남는 곳을 말해 보세요.

어느 나라의 어느 도시예요? ....

그곳에 언제 갔어요? 무엇을 했어요? ....

....

....

3. 서울에 대해 어떤 인상을 가지고 있어요? ....

....

....

....

세계의 다른 도시와 비교해서 말해 보세요. ....

....

....

....

WRITING

■ 다음 주제 가운데 하나를 골라 자신의 생각을 쓰세요.

1. 한국의 수도 '서울'에 제안하고 싶은 것
2. 서울과 다른 도시 비교
3. 서울에서 살아 보니

제목:

서울의 행정구역

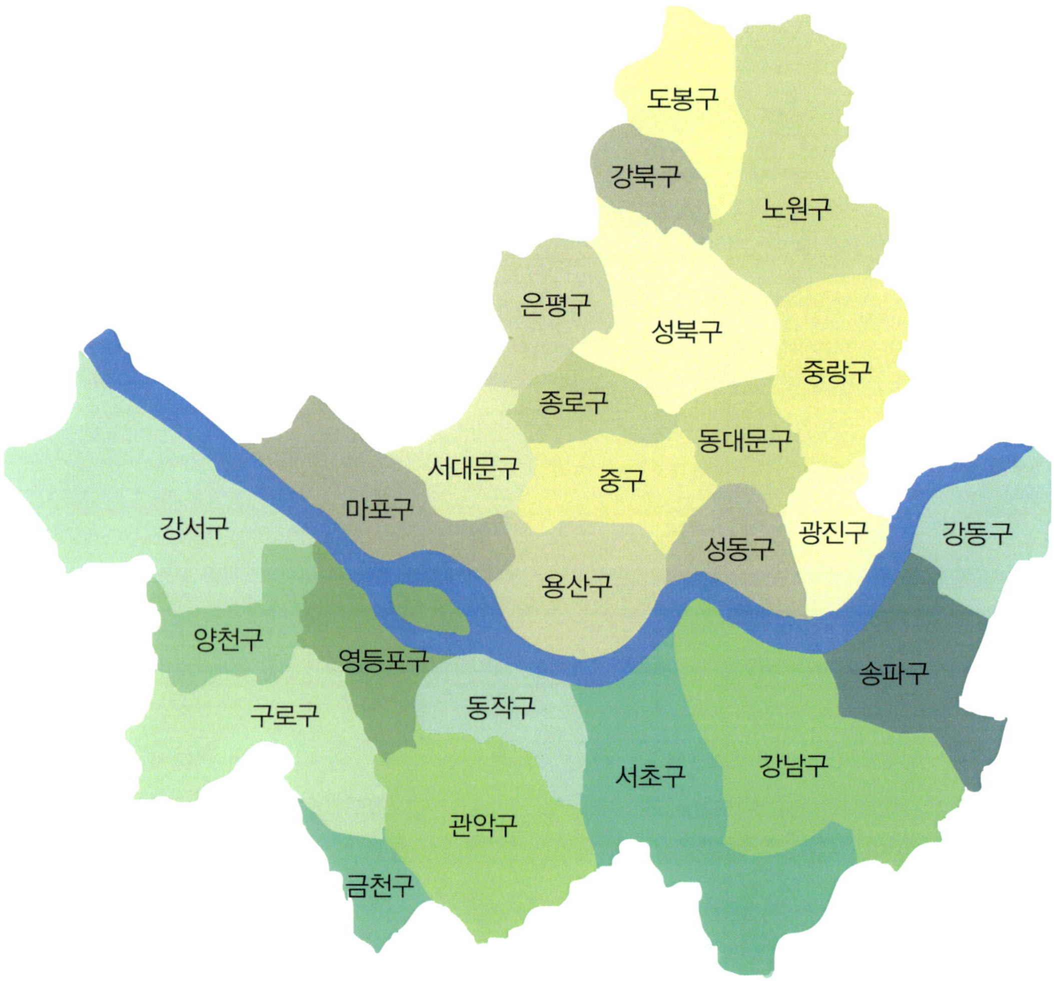
도봉구
강북구
노원구
은평구
성북구
중랑구
종로구
동대문구
서대문구
중구
마포구
강서구
광진구
강동구
성동구
용산구
양천구
영등포구
송파구
동작구
구로구
서초구
강남구
관악구
금천구

11

한글

PREREADING

● 세계에는 어떤 언어가 있나요? 그 언어를 표기하는 문자 이름은 뭐예요?

언어	문자
영어	알파벳

● 한글과 관계있는 것은 무엇인가요?

- ☐ 뜻글자
- ☐ 소리글자
- ☐ 자음과 모음이 따로따로 되어 있다
- ☐ 자음과 모음의 구별이 없다
- ☐ 세종대왕

사람은 어떻게 자신의 생각을 표현할까요?
언어를 통해 자신의 생각을 표현합니다.
사람과 동물의 차이점의 하나는 언어를 가지고 있다는 것입니다.

언어에는 음성언어와 문자언어가 있습니다.
음성언어는 '소리'이고 문자언어는 '글자'를 말합니다.
즉 음성언어는 '말하는 것'이고, 문자언어는 '쓰는 것'입니다.

세계에는 많은 언어가 있습니다.
그리고 그것을 표기하는 다양한 문자가 있습니다.
가령 영어는 알파벳으로, 중국어는 한자로 표기를 합니다.

한국인의 언어는 한국어입니다.
그리고 한국어는 '**한글**'로 표기합니다.
한글은 1443년에 **세종대왕**이 만든 글자입니다.

그러면 한국인은 언제부터 한글을 썼을까요?
한글이 만들어지기 전에 한국 사람들은 중국의 글자(한자)를 썼습니다.
그러나 한자는 너무 어려워서 보통 사람들이 쉽게 배울 수가 없었습니다.
세종대왕은 다른 학자들과 함께 우리 문자를 만들기 위한 연구를 했습니다.

한글은 누구나 쉽게 읽고 쓰게 하기 위해서 계획적으로 만들어진 글자입니다.
한글이 만들어지고 나서 어떤 학자들은 한글 사용을 반대했습니다.
중국 글자가 더 훌륭하다고 생각했기 때문입니다.
그래서 일반 백성들과 여자들이 먼저 한글을 널리 사용하게 되었습니다.

오늘날 **한글**의 우수성, 과학성, 독창성은 세계적으로 인정받고 있습니다. 1989년 유네스코에서는 '세종대왕상(King Sejong Prize)'을 만들었습니다. 이 상은 문맹 퇴치에 공헌한 세계 각국의 유명 단체에게 주는 상입니다.

VOCABULARY

A. 바꿔 쓸 수 있는 표현을 찾아 쓰세요.

쓰다	여러 가지	한자	널리	글자를 모름	말	글자

1. 언어 – 말
2. 문자 –
3. 중국의 글자 –
4. 문맹 –
5. 표기하다 –
6. 다양한 –
7. 넓은 범위에 걸쳐서 –

B. 다음 문장을 완성하세요.

1. 이번 여름 방학 때 무엇을 할지 아직 .... 을/를 세우지 못했습니다.

☑ 계획 ☐ 우수성 ☐ 인정

2. 우리 교수님은 .... 을/를 열심히 하시고 좋은 책을 많이 쓰십니다.

☐ 단체 ☐ 연구 ☐ 퇴치

3. 제 의견에 .... 하는 분은 손을 들어 주세요.

☐ 일반 ☐ 공헌 ☐ 반대

4. 예술작품에는 다른 것과 구분되는 .... 이/가 있어야 한다.

☐ 반복성 ☐ 과학성 ☐ 독창성

COMPREHENSION

A. 다음 질문에 맞는 답을 고르세요.

1. 한글이 만들어지기 전에 한국 사람들은 어떤 글자를 사용했습니까?

- [ ] 영어의 알파벳
- [x] 중국 글자(한자)
- [ ] 글자가 없었다

2. 세종대왕은 왜 한글을 만들게 되었습니까?

- [ ] 누구나 쉽게 읽고 쓸 수 있는 글자가 필요했기 때문에
- [ ] 다른 학자들이 만들고 싶어 해서
- [ ] 세계적으로 인정받고 싶어서

3. 한글이 만들어진 후 어떤 학자들이 한글 사용을 반대한 이유는 무엇입니까?

- [ ] 한글을 읽고 쓰기가 어려워서
- [ ] 더 좋은 글자를 만들고 싶어서
- [ ] 중국 글자가 더 훌륭하다고 생각했기 때문에

4. 사람과 동물의 큰 차이점은 무엇입니까?

- [ ] 사람은 아기를 낳습니다.
- [ ] 사람은 고기를 먹습니다.
- [ ] 사람은 언어를 가지고 있습니다.

B. 맞는 단어를 찾아 쓰세요.

1. 한글은 ________ 년에 ____________ 와/과 학자들이 함께 만들었습니다.
2. 한글의 우수성, 과학성, ____________ 은/는 세계적으로 인정받고 있습니다.
3. 유네스코에서 만든 '세종대왕상'은 ____________ 에 공헌한 단체에게 주는 상입니다.

COMPREHENSION

C. 맞는 표현을 찾아 문장을 만드세요.

1. 음성언어는 '소리'이고 ■	■ 한글을 만들었습니다.
2. 한국인이 쓰는 언어는 ■	■ 한글을 썼을까요?
3. 세종대왕이 다른 학자들과 ■	■ 한국어입니다.
4. 한국인은 언제부터 ■	■ 자신의 생각을 표현합니다.
5. 사람은 언어를 통해 ■	■ 문자언어는 '글자'입니다.

■ 완성된 문장을 써 보세요.

1. 음성언어는 '소리'이고 문자언어는 '글자'입니다.
2.
3.
4.
5.

D. 본문을 읽고 다음 질문에 답하세요.

1. 사람은 무엇으로 자신의 생각을 표현합니까?
   사람은 언어를 통해 자신의 생각을 표현합니다.
2. 사람과 동물의 큰 차이점은 무엇입니까?
3. 언어에는 크게 두 가지가 있습니다. 무엇과 무엇입니까?
4. 한국어는 어떤 문자로 표기합니까?
5. 오늘날 한글이 세계적으로 인정받는 이유는 무엇입니까?

■ 밑줄 친 부분의 '-ㅂ/습니다' 표현을 '-아/아요'로 바꿔 쓰세요.
그리고 큰 소리로 읽으세요.

1. 세계에는 많은 언어가 있습니다.
2. 그리고 그것을 표기하는 다양한 문자가 있습니다.
3. 가령 영어는 알파벳으로, 중국어는 한자로 표기를 합니다.
4. 한국인의 언어는 한국어입니다.
5. 그리고 한국어는 '한글'로 표기합니다.
6. 한글은 1443년에 세종대왕이 만든 글자입니다.
7. 그러면 한국인은 언제부터 한글을 썼을까요?
8. 한글이 만들어지기 전에 한국 사람들은 중국의 글자(한자)를 썼습니다.
9. 그러나 한자는 너무 어려워서 보통 사람들이 쉽게 배울 수가 없었습니다.
10. 세종대왕은 다른 학자들과 함께 우리 문자를 만들기 위한 연구를 했습니다.
11. 한글은 누구나 쉽게 읽고 쓰게 하기 위해서 계획적으로 만들어진 글자입니다.
12. 한글이 만들어지고 나서 어떤 학자들은 한글 사용을 반대했습니다.
13. 중국 글자가 더 훌륭하다고 생각했기 때문입니다.
14. 그래서 일반 백성들과 여자들이 먼저 한글을 널리 사용하게 되었습니다.

1. 세계에는 많은 언어가 있어요.
2. ....
3. ....
4. ....
5. ....
6. ....
7. 그러면 한국인은 언제부터 한글을 썼을까요?

8. ....

9. ....

10. ....

11. ....

12. ....

13. ....

14. ....

DISCUSSING

■ 자신의 생각을 친구와 함께 이야기해 보세요.

1. 한글을 언제 배웠어요? ……………………………………

……………………………………

처음 배웠을 때 쉬웠어요, 어려웠어요? ……………………………………

……………………………………

그 이유는 뭐라고 생각해요? ……………………………………

……………………………………

2. 언어(말)만 있고 문자(글자)가 없다면 어떻게 될까요? ……………………………………

……………………………………

어떤 점이 불편할까요? ……………………………………

……………………………………

3. 한글 이외에 어떤 나라의 문자를 읽고 쓸 수 있어요? ……………………………………

……………………………………

그 문자에 대해 아는 대로 소개해 주세요. ……………………………………

……………………………………

그 문자와 한글의 차이점은 뭐예요? ……………………………………

……………………………………

WRITING

■ 만약 세종대왕이 아직 살아 있다면 세종대왕에게 어떤 말을 하고 싶습니까?
세종대왕에게 편지를 써 보세요.

세종대왕 님께

.... 올림

한글 자모음표

	ㅏ	ㅑ	ㅓ	ㅕ	ㅗ	ㅛ	ㅜ	ㅠ	ㅡ	ㅣ
ㄱ	가	갸	거	겨	고	교	구	규	그	기
ㄴ	나	냐	너	녀	노	뇨	누	뉴	느	니
ㄷ	다	댜	더	뎌	도	됴	두	듀	드	디
ㄹ	라	랴	러	려	로	료	루	류	르	리
ㅁ	마	먀	머	며	모	묘	무	뮤	므	미
ㅂ	바	뱌	버	벼	보	뵤	부	뷰	브	비
ㅅ	사	샤	서	셔	소	쇼	수	슈	스	시
ㅇ	아	야	어	여	오	요	우	유	으	이
ㅈ	자	쟈	저	져	조	죠	주	쥬	즈	지
ㅊ	차	챠	처	쳐	초	쵸	추	츄	츠	치
ㅋ	카	캬	커	켜	코	쿄	쿠	큐	크	키
ㅌ	타	탸	터	텨	토	툐	투	튜	트	티
ㅍ	파	퍄	퍼	펴	포	표	푸	퓨	프	피
ㅎ	하	햐	허	혀	호	효	후	휴	흐	히

12 한복

PREREADING

- 나라마다 어떤 전통 의상이 있는지 알고 있어요?

- '한복'을 입어 보았어요? 언제요? 어디에서요?

- 다음은 요즘 사용하는 물건의 이름과 한복에 어울리는 물건의 이름입니다. 서로 관계 있는 것을 찾아 연결하세요.

구두 ■	■ 댕기
지갑 ■	■ 버선
양말 ■	■ 고무신
머리끈 ■	■ 복주머니

나라마다 고유의 전통 의상이 있습니다.
한국의 전통 의상은 **한복**입니다.
한복은 곡선미가 매우 아름다운 옷입니다.
그리고 우아한 느낌을 줍니다.
한복은 몸에 꽉 끼지 않아 편안합니다.

전통 한복은 모양(디자인)이 거의 비슷합니다.
그러나 그 소재와 색상은 아주 다양합니다.
소재와 색상은 성별, 계절, 신분, 장소 등에 따라 다릅니다.
예를 들면, 특별한 날과 장소에서는 예복을 입습니다.
그리고 보통 때는 평상복을 입습니다.

성별에 따라 입는 한복도 다릅니다.
여자들은 **'치마'**와 **'저고리'**를 입습니다.
그 위에 **'마고자'**와 **'두루마기'**를 입습니다.
남자들은 **'바지'**와 **'저고리'**를 기본으로 입습니다.
그리고 그 위에 **'조끼'**, **'마고자'**, **'두루마기'**를 입습니다.

요즈음 사람들은 주로 특별한 날에 한복 차림을 합니다.
명절과 결혼식 날 고운 한복을 입습니다.
그런데 개량 한복을 평상복으로 입는 사람도 있습니다.
'개량 한복'은 전통의상을 응용하여 만든 옷입니다.
개량 한복에는 전통 한복의 아름다움과 평상복의 실용성이 있습니다.

VOCABULARY

공부한 날 월/ 일/ 요일

A. 다음 설명에 맞는 단어를 찾아 쓰세요.

신분	색상	평상복	실용성	성별	소재

1. 남자와 여자의 구별 – 성별
2. 보통 때 입는 옷 –
3. 만드는 재료나 바탕이 되는 것 –
4. 실제로 쓸 수 있는 것 –
5. 색깔 –
6. 사회적 지위(높낮이) –

B. 다음 문장을 완성하세요.

1. 그 여자는 얼굴도 예쁘고 마음도 ....

- [x] 곱다
- [ ] 밉다
- [ ] 다르다

2. 바지보다는 드레스가 .... 느낌을 준다.

- [ ] 다양한
- [ ] 비슷한
- [ ] 우아한

3. 회사에 면접을 보러 갈 때 어떤 ....(으)로 가면 될까요?

- [ ] 차림
- [ ] 신분
- [ ] 전통

4. 날씨에 .... 사람들의 옷차림이 달라집니다.

- [ ] 처럼
- [ ] 따라
- [ ] 보다

COMPREHENSION

공부한 날☻ 월/ 일/ 요일

A. 틀린 것을 맞게 고치세요.

1. 여자는 치마와 저고리를 입고 그 위에 조끼, 마고자, 두루마기를 입는다.

→ 여자는 치마와 저고리를 입고 그 위에 마고자, 두루마기를 입는다.

2. 한복은 곡선미는 없고 직선미가 매우 아름다운 옷이다.

→ ……

3. 한복은 몸에 꽉 끼는 옷이다.

→ ……

4. 개량 한복을 평상복으로 입는 사람은 없다.

→ ……

B. 다음 문장을 완성하세요.

1. 한국의 전통 ……… 은/는 한복입니다.

☐ 음식 ☐ 악기 ☑ 의상

2. 한복은 몸에 꽉 붙지 않아 ……… .

☐ 편안합니다 ☐ 불편합니다 ☐ 입기 어렵습니다

3. ……… 에 따라 입는 한복이 다릅니다. 여자들은 치마와 저고리를 입고 남자들은 바지와 저고리를 입습니다.

☐ 성별 ☐ 계절 ☐ 장소

4. 요즈음 사람들은 주로 ……… 한복을 입습니다.

☐ 결혼식 때만 ☐ 매일 ☐ 특별한 날에

5. 전통의상을 ……… 만든 한복을 '개량 한복'이라고 합니다.

☐ 수선하여 ☐ 응용하여 ☐ 작게

공부한 날☻ 월/ 일/ 요일

C. 맞는 표현을 찾아 문장을 만드세요.

1. 남자와 여자가 입는 한복은 ■ ■ 평상복의 실용성이 있습니다.
2. 명절과 결혼식 날 ■ ■ 전통 의상이 있습니다.
3. 한복은 느낌이 ■ ■ 다릅니다.
4. 나라마다 고유의 ■ ■ 고운 한복을 입습니다.
5. 개량 한복에는 전통 한복의 아름다움과 ■ ■ 우아합니다.

■ 완성된 문장을 써 보세요.

1. 남자와 여자가 입는 한복은 다릅니다.
2. ....
3. ....
4. ....
5. ....

D. 본문을 읽고 다음 질문에 답하세요.

1. 한국의 전통 의상은 무엇입니까?

   한국의 전통 의상은 한복입니다.

2. 한복은 입었을 때 편안한 느낌을 줍니다. 그 이유는 무엇입니까?

   ....

3. 한복의 소재와 색상은 무엇에 따라 다릅니까?

   ....

4. 요즈음 사람들은 어떤 날에 한복 차림을 합니까?

   ....

5. 개량 한복은 어떤 옷입니까?

   ....

■ 맞는 것을 찾아 쓰세요.

-와/과	-을/를	-이/가	-은/는	-(으)로
-보다	-에	-에서	-부터	

1. 옷이 몸(에) 꽉 껴서 불편해요.

2. 여자는 치마와 저고리 위에 마고자( ) 두루마기를 입습니다.

3. 한복은 곡선미( ) 아름다운 옷이에요.

4. 가: 손님, 똑바로 갈까요?
   나: 아니오, 오른쪽( ) 돌아 주세요.

5. 집( ) 학교까지 얼마나 걸려요?

6. 전통 의상( ) 응용해서 요즘 입을 수 있는 옷을 만들었어요.

7. 수업이 몇 시( ) 몇 시까지예요?

8. 가: 손님, 무엇( ) 도와 드릴까요?
   나: 저쪽에 있는 것 좀 보여 주세요.

9. 한국어 공부할 때 읽기는 쉽지만 말하기( ) 어려워요.

10. 저는 형( ) 키가 커요.

DISCUSSING

■ 자신의 생각을 친구와 함께 이야기해 보세요.

1. 보통 때 어떤 옷을 즐겨 입어요? ....

....

액세서리(장신구)를 좋아해요? 평상시에 어떤 액세서리를 하나요? ....

....

2. 특별한 날 어떤 옷을 입어요?

특별한 날	옷차림(옷의 이름, 디자인, 색깔 등)
결혼식	
명절	
장례식	

3. 다른 나라에는 어떤 전통 의상이 있어요? 그것을 입어 본 적 있어요? 어땠어요?

....

....

....

WRITING

공부한 날☻ 월/ 일/ 요일

■ 다음 주제 중 하나를 골라 자신의 생각을 쓰세요.

1. 한복에 대한 내 생각
2. 우리나라의 전통 의상
3. 옛날 옷과 요즘 옷

제목:

착용 표현

모자를 썼어요(쓰다)
귀고리를 했어요(하다)
스카프를 맸어요(매다)
반지를 꼈어요(끼다)
블라우스를 입었어요(입다)
치마를 입었어요(입다)
손가방을 들었어요(들다)
스타킹을 신었어요(신다)

착용 표현

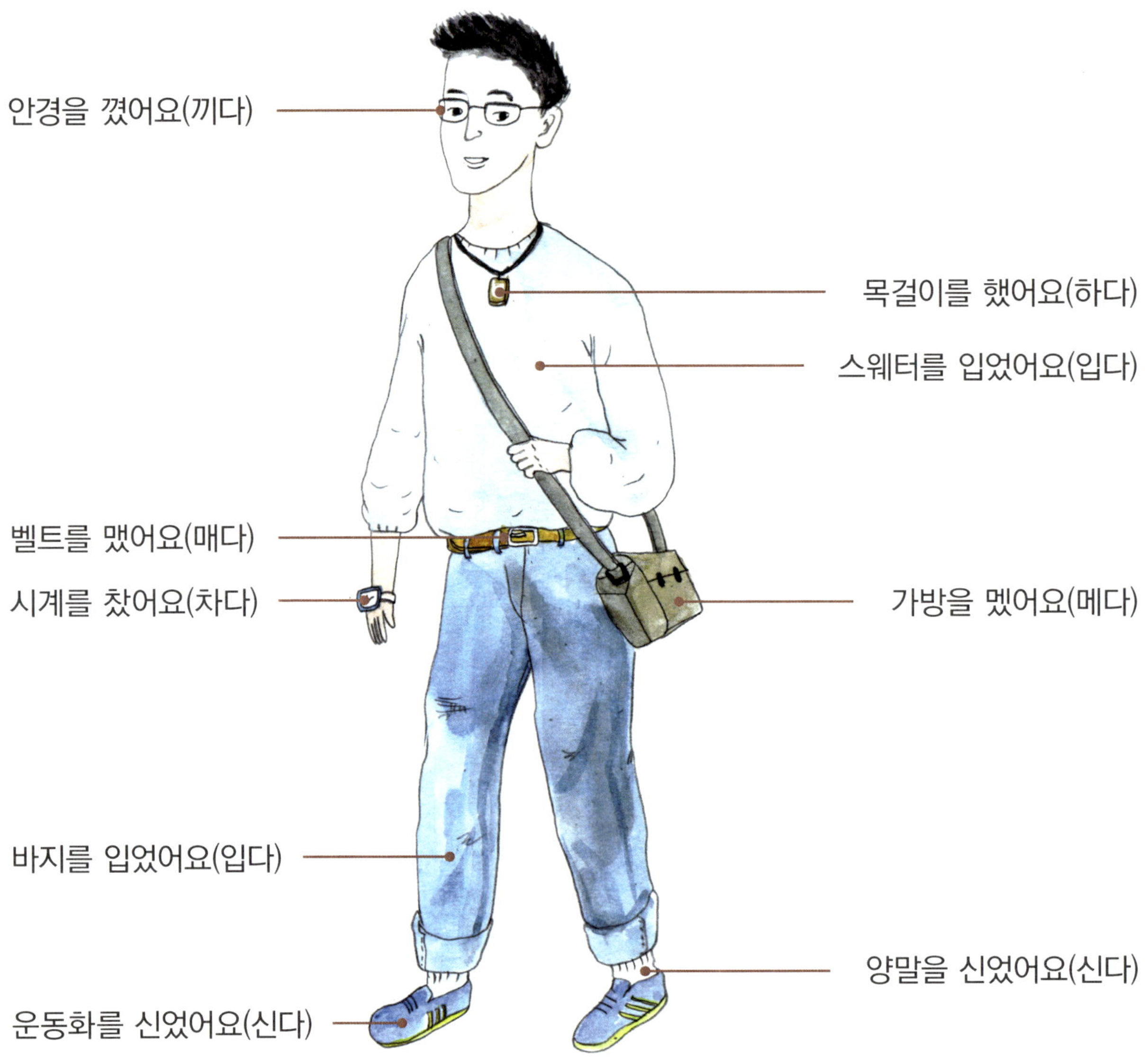
안경을 꼈어요(끼다)
목걸이를 했어요(하다)
스웨터를 입었어요(입다)
벨트를 맸어요(매다)
시계를 찼어요(차다)
가방을 멨어요(메다)
바지를 입었어요(입다)
양말을 신었어요(신다)
운동화를 신었어요(신다)

13

태극기

PREREADING

- 국기와 나라 이름을 연결해 보세요.

한국　　중국　　일본　　영국　　러시아　　미국

- 태극기에 들어가는 색깔을 모두 찾아 보세요.

☐ 흰색　　☐ 빨간색　　☐ 파란색　　☐ 노란색　　☐ 검은색

세계에는 많은 나라가 있습니다.
그 나라마다 다른 국기가 있습니다.
국기마다 다른 이름을 가지고 있습니다.
국기의 모양과 색깔이 다양하고 그 뜻도 다릅니다.
사람마다 얼굴과 이름이 다양한 것과 마찬가지입니다.
그래서 국기는 그 나라의 얼굴이라고 할 수 있습니다.
올림픽이나 국제회의 등에서 우리는 여러 나라의 국기를 볼 수 있습니다.
만국기 가운데에서 국기를 보면 어떤 나라인지 금방 알 수 있습니다.

한국의 국기 이름은 **태극기**입니다.
태극기란 '태극' 문양을 가진 국기라는 뜻입니다.
'태극'은 한국 사람들이 좋아하는 문양입니다.
그래서 대문, 북, 우표, 부채, 자수, 떡살 등 여러 가지 장식으로 쓰이고 있습니다.
또한 '태극'은 한국을 상징합니다.
월드컵 때 한국 대표 선수들을 '태극 전사'라고 부른 것도 이 때문이지요.
'태극 전사'란 '한국을 대표해서 싸우는 선수'라는 뜻입니다.

태극기는 흰색, 빨간색, 파란색, 검은색으로 되어 있습니다.
흰색 바탕은 순결(깨끗함)을 상징합니다.
그리고 태극 문양의 빨간색과 파란색은 양(+)과 음(−), 우주를 뜻합니다.
이것은 태양과 지구, 하늘과 땅을 뜻하기도 합니다.
네 귀퉁이에 있는 검고 긴 막대는 '괘'라고 부릅니다.
모두 네 개의 괘가 있는데 각각의 이름은 건괘, 곤괘, 감괘, 이괘입니다.
이들은 각각 정의·풍요·생명력·지혜를 뜻합니다.
그리고 동서남북, 균형과 조화를 의미합니다.

VOCABULARY

A. 맞는 단어를 골라 쓰세요.

장식하다	의미하다	부르다	알다	싸우다

1. 이 질문의 답이 뭔지 알아 요?
2. 생일 파티에 풍선으로 ______ 요.
3. 친구와 ______ 지 마세요.
4. 저 표지판의 그림은 뭘 ______ 요?
5. 사장님, 아까 저를 ______ 까?

B. 다음 문장을 완성하세요.

1. 한꺼번에 걸어 놓은 세계 여러 나라의 국기를 ....(이)라고 합니다.
   - ☑ 만국기
   - ☐ 태극기
   - ☐ 국기

2. '태극'은 한국을 .... 합니다.
   - ☐ 조화
   - ☐ 상징
   - ☐ 우주

3. 편지를 보낼 때 봉투에 ....을/를 붙여야 합니다.
   - ☐ 우표
   - ☐ 부채
   - ☐ 대문

4. .... 도 모르고 어떻게 운전을 해요?
   - ☐ 막대
   - ☐ 동서남북
   - ☐ 지혜

A. 다음 문장을 완성하세요.

1. 국기는 그 나라의 얼굴이기 때문에 ....

- [x] 소중히 다루어야 합니다.
- [ ] 화장을 잘 해야 합니다.
- [ ] 자주 봐야 합니다.

2. 태극 문양의 ....은/는 우주를 상징합니다.

- [ ] 흰색과 검은색
- [ ] 빨간색과 파란색
- [ ] 흰색과 파란색

3. 태극기의 4괘는 동서남북의 ....을/를 뜻합니다.

- [ ] 조화와 균형
- [ ] 장식
- [ ] 다른 방향

B. 맞는 단어를 써서 문장을 완성하세요.

1. 한국의 국기 이름은 ________ 입니다.
2. 태극기에는 흰색, ________, ________, ________ 의 네 가지 색깔이 있습니다.
3. 태극기의 ________ 바탕은 순결을 상징합니다.
4. 태극기의 네 귀퉁이에 있는 검고 긴 막대를 ________ (이)라고 부릅니다.

C. 맞는 표현을 찾아 문장을 만드세요.

1. 태극기의 흰색 바탕은 ■	■ 한국의 국기입니다.
2. 국기는 그 나라의 ■	■ 국기도 다릅니다.
3. 태극기는 ■	■ 순결(깨끗함)을 상징합니다.
4. 사람마다 얼굴이 다르듯이 ■	■ 얼굴이라고 할 수 있습니다.
5. 태극기의 색깔은 ■	■ 흰색, 빨간색, 파란색, 검은색입니다.

■ 완성된 문장을 써 보세요.

1. 태극기의 흰색 바탕은 순결(깨끗함)을 상징합니다.
2. ....
3. ....
4. ....
5. ....

D. 본문을 읽고 다음 질문에 답하세요.

1. 우리는 어디에서 여러 나라의 국기를 볼 수 있습니까?
   올림픽이나 국제회의 등에서 여러 나라의 국기를 볼 수 있습니다.
2. 나라마다 국기의 모양과 색깔이 모두 같습니까?
   ....
3. 태극기란 무슨 뜻입니까?
   ....
4. 월드컵 때 한국 대표 선수들을 뭐라고 불렀습니까? 그것은 무슨 뜻입니까?
   ....
5. 태극기의 네 개의 괘는 무엇을 뜻합니까?
   ....

■ 밑줄 친 부분을 보기와 같이 바꿔 쓰세요.

1. 태극기는 흰색, 빨간색, 파란색, 검은색으로 되어 있습니다.
2. 흰색 바탕은 순결(깨끗함)을 상징합니다.
3. 그리고 태극 문양의 빨간색과 파란색은 양(+)과 음(−), 우주를 뜻합니다.
4. 이것은 태양과 지구, 하늘과 땅을 뜻하기도 합니다.
5. 네 귀퉁이에 있는 긴 막대는 '괘'라고 부릅니다.
6. 모두 네 개의 괘가 있는데 각각의 이름은 건괘, 곤괘, 감괘, 이괘입니다.
7. 이들은 각각 정의 · 풍요 · 생명력 · 지혜를 뜻합니다.
8. 그리고 동서남북, 균형과 조화를 의미합니다.

1. 태극기는 흰색, 빨간색, 파란색, 검은색으로 되어 있다.
2. ....
3. ....
4. ....
5. ....
6. ....
7. 이들은 각각 정의 · 풍요 · 생명력 · 지혜를 뜻한다.
8. ....

■ 자신의 생각을 친구와 함께 이야기해 보세요.

1. 국기가 필요하다고 생각해요, 필요하지 않다고 생각해요?

그 이유는 뭐예요?

2. 국기를 함부로 다루어도 된다고 생각해요, 소중히 다루어야 한다고 생각해요?

그 이유는 뭐예요?

3. 해외에서 자기 나라의 국기를 볼 때 어떤 느낌이 들어요?

WRITING

■ 태극기 또는 자기 나라 국기에 대해 설명해 보세요(이름, 모양, 색깔, 의미 등). 다른 나라 친구에게 소개한다고 생각하고 설명해 보세요.

제목:

태극기의 상징과 의미

공부한 날☻ 월/ 일/ 요일

■ 한국의 국기: 태극기

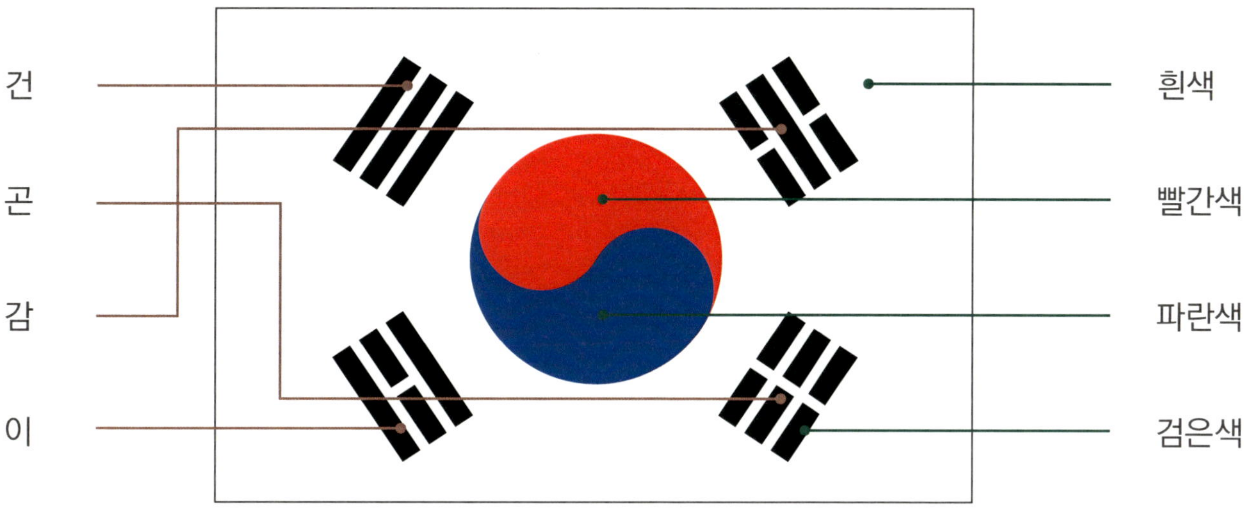

■ 태극기의 색깔 ● 흰색, 빨간색, 파란색, 검은색

■ 태극기의 의미 ● ❶ 바탕(흰색) : 순결(깨끗함)

❷ 태극 모양(빨간색과 파란색) : 양(+)과 음(−),
하늘과 땅,
태양과 지구 → 우주

❸ 4괘(검은색) : 정의(건괘)·풍요(곤괘)·생명력(감괘)·지혜(이괘),
동서남북
균형과 조화

태극기 색칠하기

공부한 날☻ 월/ 일/ 요일

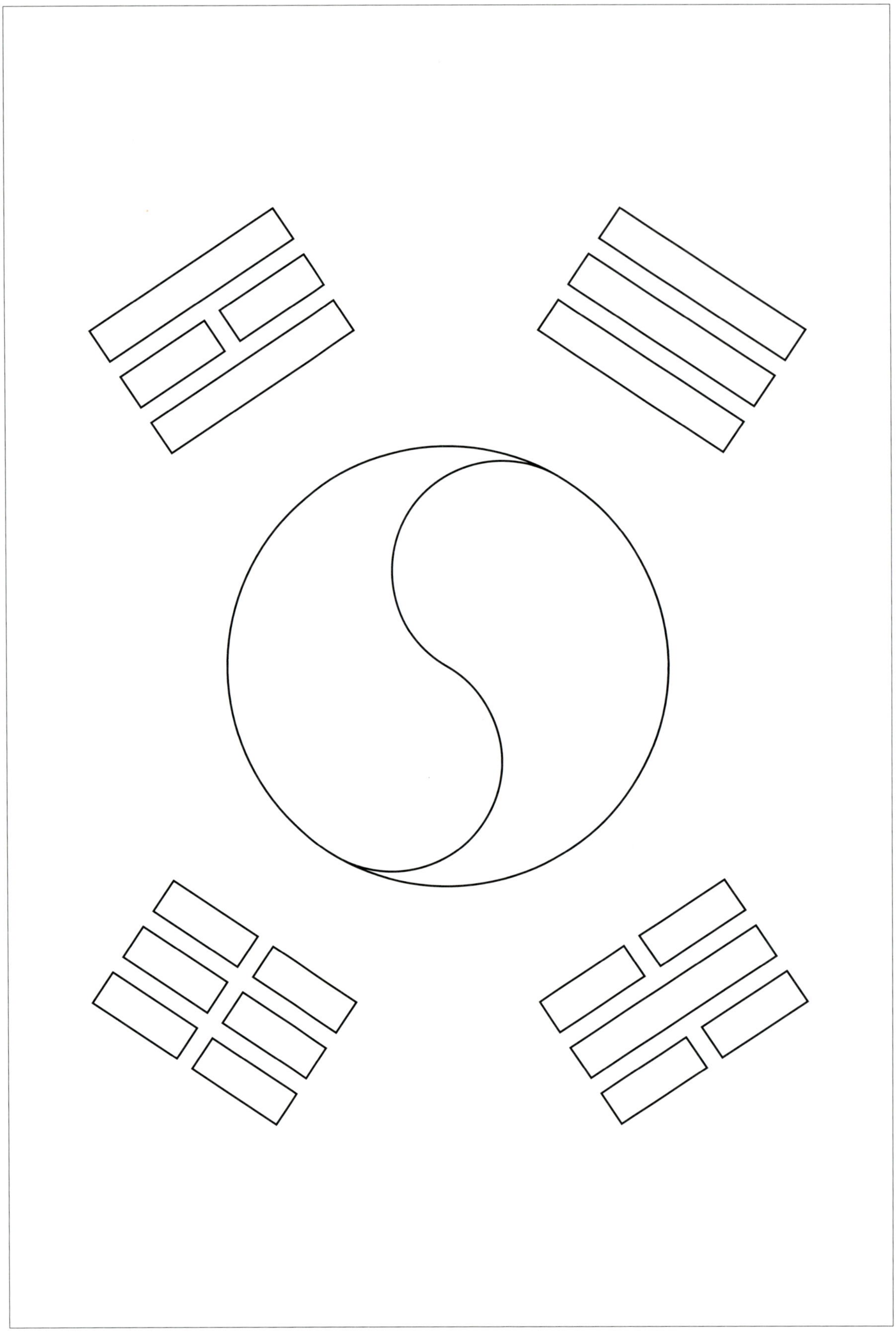

세계의 국기

공부한 날☻ 월/ 일/ 요일

나이지리아

네덜란드

노르웨이

뉴질랜드

캐나다

독일

러시아

미국

스웨덴

스위스

아이슬란드

알바니아

에티오피아

영국

우크라이나

이스라엘

이집트

이탈리아

일본

중국

칠레

핀란드

터키

프랑스

오스트레일리아

14

겨울연가

PREREADING

● 유명한 배우나 가수의 이름을 아는 대로 말해 보세요.

여자 배우 : 남자 배우:

여자 가수 : 남자 가수:

● 지금까지 본 영화나 드라마 중에서 가장 기억에 남는 것은 뭐예요?

	국내	해외
영화		
드라마		

READING

공부한 날☻ 월/ 일/ 요일/
본문을 읽은 시간☻ 분/

요즈음은 얼굴이 아주 잘생긴 남자를 '꽃미남', 예쁜 여자를 '꽃미녀'라고 합니다. 또 청소년들은 아주 대단하다는 의미에서 **'-짱'**이라는 표현을 자주 씁니다. 그리고 텔레비전이나 영화에 나오는 '얼짱', '몸짱' 연예인들을 부러워합니다. 최근 얼짱, 몸짱인 한국 연예인들이 해외에서도 주목을 받고 있습니다. 더불어 한국과 한국어에 대한 관심도 높아지고 있습니다.

2000년대부터 동남아시아 지역에서 '한류 열풍'이 불고 있습니다. 한국의 대중가요, 대중 드라마, 영화 등이 폭발적인 인기를 끌고 있는 것이지요. 한국의 가수와 배우들이 현지의 연예인보다 큰 관심을 모으는 경우도 있습니다. 〈**겨울연가**〉라는 드라마만 보아도 알 수 있습니다. 아마도 일본에서 '**욘사마**'를 모르는 사람은 아무도 없을 것입니다.

인기 드라마와 영화의 촬영지는 관광지가 되어 많은 외국인들이 찾고 있습니다. 드라마 속 주인공이 지녔던 물건이 관광 상품으로 개발되기도 합니다. 한국 배우를 만나기 위해 한국행 비행기를 타는 팬들도 늘고 있습니다. 한국 배우의 해외 진출도 눈에 띄게 많아졌습니다. 한 편의 드라마나 영화가 미치는 영향이 얼마나 큰지 알 수 있습니다.

한국 대중문화의 열기, 즉 한류 열풍은 많은 **한류 스타**를 낳았습니다. 한류 스타 한 사람이 때로는 외교관보다 한국의 이미지에 더 많은 영향을 줍니다. 한류 스타 한 사람이 때로는 기업보다 국내 경제에 더 큰 영향을 미칩니다. 한류 스타가 곧 한국의 이미지가 되고 한국의 경제력이 됩니다. 그러나 한류 스타의 뒤에는 많은 사람들의 노력과 수고가 있습니다.

READING

공부한 날 월/ 일/ 요일
본문을 읽은 시간 분/

세계화의 방법에는 두 가지가 있다고 합니다.

첫 번째는 다른 나라의 문화를 이해하고 받아들이는 것입니다.

두 번째는 우리의 것을 다른 나라에 소개하고 알리는 것입니다.

한국은 한류 열풍을 통해 한 걸음 더 세계화를 향해 나아가고 있습니다.

한류 열풍과 함께 한국어의 세계화를 기대해 봅니다.

A. 알맞은 단어를 골라 문장을 완성하세요.

개발	관심	상품	진출	소개	비행기

1. 비행기 을/를 타려면 공항에 가야 합니다.
2. 여러분에게 우리 가족을 ______ 하겠습니다.
3. 백화점에 가면 많은 ______ 이/가 진열되어 있습니다.
4. 연예인의 해외 ______ 이/가 늘고 있습니다.
5. 아이들은 부모의 사랑과 ______ 이/가 필요합니다.
6. 우리 회사는 더 좋은 상품의 ______ 에 힘쓰고 있습니다.

B. 다음에서 설명하고 있는 단어를 찾으세요.

가수	꽃미남	외교관	배우

1. 직업적으로 노래를 부르는 사람 – 가수
2. 드라마나 영화에서 연기를 하는 사람 – ______
3. 다른 나라와의 정치적, 경제적, 문화적 관계에 대한 일을 하는 사람 – ______
4. 얼굴이 아주 잘생긴 남자 – ______

COMPREHENSION

A. 질문에 맞는 답을 찾으세요.

1. 언제부터 동남아시아 지역에서 '한류열풍'이 불기 시작했습니까?

☐ 1800년대
☐ 1900년대
☑ 2000년대

2. '얼짱'이란 무슨 뜻입니까?

☐ 아주 잘생기거나 예쁜 얼굴
☐ 짜증나는 얼굴
☐ 못생긴 얼굴

3. '세계화'란 무엇입니까?

☐ 세계 여행을 가는 것입니다.
☐ 다른 나라를 이해하고 우리나라를 알리는 것입니다.
☐ 해외 수출을 많이 하는 것입니다.

B. 다음 문장을 맞게 완성하세요.

1. 한류 스타의 뒤에는 많은 사람들의 ....

☐ 무관심과 무시가 중요합니다
☐ 사랑과 관심만 있으면 됩니다
☑ 노력과 수고가 있습니다

2. 〈겨울연가〉라는 드라마만 보아도 ....

☐ 한류 스타들의 영향이 해외에서도 얼마나 큰지 알 수 있습니다
☐ 해외보다 국내에서 배우들의 활동이 얼마나 중요한지 알 수 있습니다
☐ 인기라는 것이 금방 사라진다는 것을 알 수 있습니다

3. .... 해외 팬들은 한국을 찾습니다.

- ☐ 한국행 비행기 표가 싸면
- ☐ 한류 스타를 만나기 위해
- ☐ 쇼핑을 하기 위해

C. 맞는 표현을 찾아 문장을 만드세요.

1. 청소년들은 아주 대단하다는 의미에서 ■	■ 한국을 찾는 외국인이 있습니다.
2. 한국 배우의 해외 진출이 ■	■ 우리의 것을 알리는 것입니다.
3. 세계화는 다른 나라의 문화를 이해하고 ■	■ 한국어에 대한 관심이 높아졌습니다.
4. 한국 배우를 만나기 위해 ■	■ 눈에 띄게 늘었습니다.
5. 한류 열풍과 함께 ■	■ '-짱'이라는 표현을 자주 씁니다.

■ 완성된 문장을 써 보세요.

1. 청소년들은 아주 대단하다는 의미에서 '-짱'이라는 표현을 자주 씁니다.
2. ....
3. ....
4. ....
5. ....

D. 다음 질문에 답하세요.

1. 요즈음 청소년들은 텔레비전에 나오는 '얼짱' 연예인들을 보고 어떤 생각을 합니까?

요즈음 청소년들은 텔레비전에 나오는 '얼짱' 연예인들을 보고 부러워합니다.

2. 한류 열풍은 언제, 어디에서 시작되었습니까?

3. 한류 열풍이란 무엇입니까?

4. 한류 열풍의 대표적인 드라마는 무엇입니까?(본문 내용에서 찾으세요)

5. 세계화의 두 가지 방법을 쓰세요.

1)

2)

공부한 날☻ 월/ 일/ 요일

■ 알맞은 표현을 넣어 문장을 완성하세요.

-개	-편	-곡	-조각	-판
-잔	-장	-호선	-인분	-분

1. 요즘 바빠서 드라마 한 (편)도 볼 시간이 없어요.
2. 가 : 저기요, 여기 불고기 삼 ( ) 주세요.
   나 : 네, 알겠습니다.
3. 가 : 여보세요, '한국 피자'입니다.
   나 : 여기 서울아파트 105동 1002호인데요, 야채 피자 두 ( ) 갖다 주세요.
   가 : 서울아파트 105동 1002호, 피자 두 ( )이요. 네, 알겠습니다.
4. 가 : 손님 모두 몇 ( )이시죠?
   나 : 다섯 명인데요.
   가 : 이쪽으로 오세요. 자리 안내해 드리겠습니다.
5. 가 : 노래 한 ( ) 불러 보세요.
   나 : 저 노래 잘 못해요.

6~7. 가 : 뭘 드릴까요?
   나 : 커피 두 ( )하고 생크림 케이크 두 ( ) 주세요.

8. 가 : 환전하러 왔는데요.
   나 : 얼마짜리로 바꿔 드릴까요?
   가 : 만 원권 10 ( )하고 나머지는 오천 원권으로 주세요.
9. 가: 사과 얼마예요?
   나: 8( )에 만 원입니다.
10. 가 : 신촌에 가려면 지하철 몇 ( )을 타야 해요?
    나 : 2( )을 타세요.

■ 자신의 생각을 친구와 함께 이야기해 보세요.

1. 가장 좋아하는 배우나 가수가 누구예요? ....

그 사람의 작품이나 노래를 하나 말해 보세요. ....

그 사람의 매력을 2가지 이상 말해 보세요. ....

....

2. 좋아하는 배우를 닮으려고 노력한 적 있어요? ....

....

좋아하는 배우와 옷(패션)이나 화장, 머리모양(헤어 스타일) 등을 따라해 본 적 있어요?
그런 사람들을 보면 어떤 생각이 들어요? ....

....

....

3. 최근에 본 드라마나 영화 중 기억나는 것은 뭐예요? ....

....

4. '–짱'과 같이 새롭게 생겨서 유행하고 있는 단어를 아는 대로 말해 보세요. ....

....

유행어를 쓰는 것에 대해 긍정적으로 생각해요, 부정적으로 생각해요? ....

....

그 이유는 뭐예요? ....

....

WRITING

■ 다음 주제 가운데 하나를 골라 자신의 생각을 쓰세요.

1. 한류 열풍이란 무엇인가
2. 내가 한류 스타가 된다면
3. 이 세상에 드라마와 영화가 사라진다면

제목:

15

아줌마

PREREADING

● 한국어에서 누군가를 부를 때 쓰는 표현을 알고 있는 대로 말해 보세요.

	부르는 말(호칭)
여자를 부를 때	언니, 아줌마
남자를 부를 때	형, 오빠

공부한 날☻ 월/ 일/ 요일/
본문을 읽은 시간☻ 분/

다음은 외국인들에게 '한국의 **아줌마**'에 대한 인상을 물어 본 것입니다.
목소리가 크다, 정이 많다, 파마머리를 하고 있다, 건강하다, 감정적이다, 눈썹에 문신을 하고 있다, 뻔뻔하다, 성격이 밝다, 자리를 양보하지 않는다, 씩씩하다, 가족에게 희생적이다.

미장원에서 점원이 20대의 젊은 고객을 뭐라고 부릅니까?
아이와 함께 걸어가는 30대의 여성을 뭐라고 부릅니까?
40대 여성에게 길을 물을 때 뭐라고 부릅니까?
백화점에서 점원이 50대의 여성 고객을 뭐라고 부릅니까?
지하철에서 70대의 몸이 불편한 여성에게 자리를 양보할 때 뭐라고 부릅니까?

한국어로 여자를 부르는 표현(호칭)은 다양합니다.
언니, 아가씨, 엄마, 아줌마(아주머니), 할머니, 사모님 등이지요.
물론 남자를 부르는 호칭도 여러 가지가 있습니다.
호칭은 부르는 사람과 상대방의 관계, 연령, 상황에 따라 달라집니다.

그런데 '아줌마'라는 단어에는 여러 가지 의미가 있는 것 같습니다.
'아줌마'는 원래 친척간에 쓰는 호칭입니다.
그리고 모르는 사람을 부를 때도 씁니다.
모르는 사람을 부를 때 '아줌마'라는 단어에는 두 가지 뜻이 있습니다.

첫 번째는 '결혼을 한 여자'라는 의미입니다.
'결혼을 하지 않은 젊은 여자'라는 뜻의 '아가씨'와 반대되는 말이지요.
그런데 결혼을 했지만 젊어서 결혼한 것 같지 않아 보이는 아줌마도 많습니다.
요즈음은 그런 아줌마들을 '**미시족**'이라고도 부릅니다.

두 번째로 아줌마란 중년 이상의 늙지 않은 여자를 말합니다.
그래서 결혼을 하지 않은 중년의 독신 여성도 때로는 '아줌마'라고 불립니다.
그러나 아주 나이가 많이 든 여성은 아줌마라고 부르지 않습니다.
대신 '할머니'라고 부르지요.

이 밖에도 '아줌마'라는 단어에는 여러 가지 뜻이 담겨 있습니다.
'아줌마 파마', '역시 아줌마는 달라' 등에서 어떤 느낌을 받습니까?
아줌마는 촌스럽고 부끄러움이 없고 강한 사람이라는 느낌을 줄 때도 있습니다.
그러나 그 속에는 가족을 위해 희생하는 정 많은 어머니의 모습도 있습니다.

VOCABULARY

A. 알맞은 단어를 골라 문장을 완성하세요.

담겨 있다	첫인상	희생	양보	상황	독신	촌스럽다

1. 그 사람의 첫인상 은/는 너무 좋았는데 만날수록 별로예요.
2. 10년 전에 입었던 옷을 다시 입으니 너무 ______ 요.
3. ______ 이/가 달라지면 생각도 바뀌게 마련이다.
4. 다른 사람을 위해 ______ 이 생각만큼 쉽지 않아요.
5. 노약자에게 자리를 ______ 하세요.
6. 작년부터 결혼한다고 하더니 아직 ______ (이)니?
7. 도시락 속에 엄마의 사랑과 정성이 ______ 요.

B. 밑줄친 부분과 반대되는 표현을 찾으세요.

1. 감정적인 태도

- [ ] 긍정적인
- [x] 이성적인
- [ ] 이기적인

2. 젊은 사람

- [ ] 늙은
- [ ] 어린
- [ ] 맑은

3. 촌스러운 머리

- [ ] 오래된
- [ ] 예쁜
- [ ] 세련된

4. 성격이 밝다

- [ ] 명랑하다
- [ ] 어둡다
- [ ] 특이하다

COMPREHENSION

A. 다음 문장을 완성하세요.

1. 한국어의 호칭 표현은 ....

- ☐ 아주 간단합니다
- ☐ 많지 않습니다
- ☑ 다양합니다

2. ....은/는 결혼을 하지 않은 젊은 여자라는 뜻입니다.

- ☐ 아줌마
- ☐ 아가씨
- ☐ 할머니

3. 호칭은 부르는 사람과 상대방의 관계, 연령, 상황에 따라 ....

- ☐ 달라지지 않습니다
- ☐ 달라집니다
- ☐ 달라지면 안 됩니다

B. 틀린 것을 맞게 고쳐 쓰세요.

1. 아줌마에는 한 가지 뜻이 있습니다.

아줌마에는 여러 가지 뜻이 있습니다.

2. 노년의 늙지 않은 여자를 아줌마라고 부릅니다.

....

3. 아가씨는 결혼을 한 젊은 여자를 말합니다.

....

4. 호칭은 부르는 사람과 상대방의 관계에 따라 달라지지 않습니다.

....

5. 아줌마는 촌스럽고 부끄러움이 있는 사람이라는 느낌도 있고 정 많은 어머니의 모습도 있습니다.

C. 맞는 표현을 찾아 문장을 만드세요.

1. 외국인에게 '한국의 아줌마'에 대한 ■ ■ 양보해야 합니다.
2. '아줌마'는 원래 ■ ■ 인상을 물어 보았습니다.
3. 결혼을 했지만 ■ ■ 친척간에 쓰는 호칭입니다.
4. 지하철에서 어르신에게 자리를 ■ ■ 촌스러운 느낌이 있습니다.
5. '아줌마 파마'라고 하면 ■ ■ 그렇게 보이지 않는 아줌마도 많습니다.

■ 완성된 문장을 써 보세요.

1. 외국인에게 '한국의 아줌마'에 대한 인상을 물어보았습니다.
2.
3.
4.
5.

D. 본문을 읽고 질문에 답하세요.

1. '한국의 아줌마'에 대한 인상 중 긍정적인 것과 부정적인 것을 찾아 써 보세요.

한국 아줌마에 대한 긍정적인 인상	한국 아줌마에 대한 부정적인 인상
정이 많다	뻔뻔하다

2. 한국어로 여자를 부르는 호칭은 한 가지입니까?

아니오, 한국어로 여자를 부르는 호칭은 한 가지가 아닙니다.

다양합니다.

3. '미시족'이란 무엇입니까?

4. 모르는 사람을 부를 때 '아줌마'라는 단어에는 어떤 뜻이 있습니까?

1)

2)

5. 호칭은 무엇에 따라 달라집니까?

■ 밑줄 친 부분을 상황에 맞게 바꿔 보세요.(높임법)

1. 수미야, 여기 앉아.
   할머니, 여기 앉으세요.
2. 민수가 텔레비전을 보고 있어요.
   할아버지께서 텔레비전을 보고 ....
3. 아이를 데리고 공원에 갔어요.
   부모님을 .... 공원에 갔어요.
4. 쿄코, 내가 나중에 전화할게.
   선생님, ... 나중에 전화드릴게요.
5. 언니에게 선물을 주었어요.
   어머니께 선물을 ....
6. 승호야, 네 친구가 이거 너한테 전해 주라고 했어.
   승호야, 선생님께서 이거 너에게 전해 주라고 ....
7. 아줌마, 이 색깔 어때요?
   사모님, 이 색깔 ....까?
8. 너네 집이 어디야?
   김 사장님 ....이/가 어디세요?
9. 이름과 주소가 뭐야?
   ....와/과 주소가 어떻게 되세요?
10. 너한테 할 말이 있어.
    선생님께 드릴 ....이/가 있습니다.

DISCUSSING

1. 자신이 다른 사람에게 몇 가지 호칭으로 불리고 있는지 말해 보세요.

   ....

   누구에게, 언제, 어디에서 그렇게 불려요?

   ....

2. 같은 사람을 부르는데도 호칭이 달라지는 이유가 무엇이라고 생각해요?

   ....

3. 듣기 좋은 호칭과 듣기 싫은 호칭이 있어요? 어떤 것이고 왜 그런지 말해 보세요.

   · 듣기 좋은 호칭 ....

   · 듣기 싫은 호칭 ....

4. 다른 나라의 호칭 표현과 한국어의 호칭 표현의 차이점이 뭐예요?

   ....

   ....

WRITING

■ 다음 주제 가운데 하나를 골라 자신의 생각을 쓰세요.

1. 한국어의 호칭 표현(다른 언어와 비교, 배우기 어려운 점 등)
2. 반말과 높임법을 잘못 써서 실수한 경험
3. 한국 아줌마에 대한 인상(좋은 인상과 나쁜 인상의 예)

제목:

단어 시험

❶ 삼계탕

날짜☻ 월/ 일/ 요일

이름☻ / 점수☻

다음 단어의 뜻을 자기 나라 말로 써 보세요.

시기	
의욕	
건강	
더위	
영계	

다음 표현을 이용해서 문장을 만드세요.

땀을 흘리다	
지키다	
추위를 타다	
푹 끓이다	
간단하다	

❷ 미역국

날짜☻ 월/ 일/ 요일

이름☻ / 점수☻

다음 단어의 뜻을 자기 나라 말로 써 보세요.

국물	
인사	
합격	
출산	
결론	

다음 표현을 이용해서 문장을 만드세요.

즐겨 먹다	
생일을 맞다	
미끄러지다	
붙다	
*미역국 먹었다	

❸ 아리랑

날짜☻ 월/ 일/ 요일
이름☻ / 점수☻

다음 단어의 뜻을 자기 나라 말로 써 보세요.

감정

민요

분위기

지역

대표

다음 표현을 이용해서 문장을 만드세요.

힘이 나다

유명하다

빠르다

전해지다

정확하게

❹ 사물놀이

날짜☻ 월/ 일/ 요일
이름☻ / 점수☻

다음 단어의 뜻을 자기 나라 말로 써 보세요.

일상생활

서민

지휘자

벼락

주방

다음 표현을 이용해서 문장을 만드세요.

신이 나다

두드리다

친숙하다

비유하다

웅장하다

❺ 온돌

날짜☻ 월/ 일/ 요일
이름☻ / 점수☻

다음 단어의 뜻을 자기 나라 말로 써 보세요.

실내	
동양	
바닥	
연료	
지혜	

다음 표현을 이용해서 문장을 만드세요.

뚜렷하다	
적합하다	
엿보다	
식다	
순환시키다	

❻ 찜질방

날짜☻ 월/ 일/ 요일
이름☻ / 점수☻

다음 단어의 뜻을 자기 나라 말로 써 보세요.

피로	
휴식	
공간	
연인	
한마디로	

다음 표현을 이용해서 문장을 만드세요.

스트레스를 풀다	
색다르다	
가능하다	
생기다	
푹 담그다	

❼ 김치

날짜☻ 월/ 일/ 요일

이름☻ / 점수☻

다음 단어의 뜻을 자기 나라 말로 써 보세요.

주식	
반찬	
야채 섭취	
발효음식	
한겨울	

다음 표현을 이용해서 문장을 만드세요.

넉넉하다	
저장하다	
묻다	
보편화되다	
축제를 열다	

❽ 떡

날짜☻ 월/ 일/ 요일

이름☻ / 점수☻

다음 단어의 뜻을 자기 나라 말로 써 보세요.

재료	
쌀가루	
간식	
명절	
성장	

다음 표현을 이용해서 문장을 만드세요.

섞다	
다양하다	
나이를 먹다	
유행이다	
낳다	

⑨ 제주도

날짜☻ 월/ 일/ 요일

이름☻ / 점수☻

다음 단어의 뜻을 자기 나라 말로 써 보세요.

행정구역	
자연경관	
동서남북	
기온차	
향토 음식	

다음 표현을 이용해서 문장을 만드세요.

비교적	
불리다	
분포하다	
독특한	
이루다	

⑩ 서울

날짜☻ 월/ 일/ 요일

이름☻ / 점수☻

다음 단어의 뜻을 자기 나라 말로 써 보세요.

역사	
중심지	
인구밀도	
대중교통 수단	
자전거도로	

다음 표현을 이용해서 문장을 만드세요.

~에 불과하다	
연결하다	
지나다	
다다르다	
편리하다	

⑪ 한글

날짜 월/ 일/ 요일

이름 / 점수

다음 단어의 뜻을 자기 나라 말로 써 보세요.

차이점	
글자	
학자	
연구	
독창성	

다음 표현을 이용해서 문장을 만드세요.

~을/를 통해	
표기하다	
반대하다	
계획적으로	
인정을 받다	

⑫ 한복

날짜 월/ 일/ 요일

이름 / 점수

다음 단어의 뜻을 자기 나라 말로 써 보세요.

우아하다	
소재	
성별	
평상복	
실용성	

다음 표현을 이용해서 문장을 만드세요.

꽉 끼다	
~느낌을 주다	
~차림을 하다	
응용하다	
곱다	

⑬ 태극기

날짜☻ 월/ 일/ 요일

이름☻ / 점수☻

다음 단어의 뜻을 자기 나라 말로 써 보세요.

모양	
색깔	
대문	
장식	
지구	

다음 표현을 이용해서 문장을 만드세요.

마찬가지	
쓰이다	
우주	
선수	
국제회의	

⑭ 겨울연가

날짜☻ 월/ 일/ 요일

이름☻ / 점수☻

다음 단어의 뜻을 자기 나라 말로 써 보세요.

한류 열풍	
폭발적인 인기	
해외 진출	
민간 외교	
경제력	

다음 표현을 이용해서 문장을 만드세요.

잘생기다	
개발되다	
눈에 띄다	
영향을 미치다	
받아들이다	

⑮ 아줌마

날짜☻ 월/ 일/ 요일/

이름☻ / 점수☻ /

다음 단어의 뜻을 자기 나라 말로 써 보세요.

인상	
눈썹	
희생	
상황	
독신	

다음 표현을 이용해서 문장을 만드세요.

양보하다	
젊다	
촌스럽다	
담겨 있다	
몸이 불편하다	

단어와 표현

❶ 삼계탕　samgyetang　参鸡汤　蔘鶏湯

	한국어	영어	중국어	일본어
1	복날	the hottest period in the midsummer	伏天, 伏日	伏日(盛夏三伏の日)
2	삼복	the three hottest days	三伏	三伏(盛夏三伏の日)
3	초복/중복/말복	the beginning / the middle / the last of the hottest period of the midsummer	初伏/中伏/末伏	初伏/中伏/末伏
4	시기	time, period	时期	時期
5	땀을 흘리다	sweat	流汗	汗を流す
6	밥맛이 좋다 /밥맛이 안 좋다	have an appetite/ lose an appetite	有胃口/没胃口	食べ物が美味しい/食べ物が美味しくない (食欲があるかないか)
7	힘이 없어지다	be languid	无力, 有气无力的	力がなくなる
8	의욕이 없다	be listless	没有欲望	意欲がない
9	건강을 지키다	take care of being healthy	注意健康	健康を守る
10	이열치열	like cure like	以热治热	以熱治熱(熱を以って熱を治す)
11	더위를 이기다 /추위를 이기다	overcome the hot weather / overcome the cold weather	战胜暑气 /抵制寒冷	暑さに勝つ/寒さに勝つ
12	더위를 타다 /추위를 타다	easy to feel the hot weather / easy to feel the cold weather	怕热, 不耐热/怕冷, 不耐冷	夏バテする/寒さに弱い
13	즐겨 먹다	enjoy eating	爱吃, 喜欢吃	好んで(楽しんで)食べる
14	보양음식	health foods; the food for health seeking	保养食品, 补品	保養のための食べ物
15	인삼	ginseng	人参	朝鮮人参
16	~을/를 푹 끓이다	boil completely(deeply)	煮熟的	～をしっかり沸かす 煮る
17	~이/가 간단하다	be simple, easy	简单的, 容易的	～が簡単だ
18	영계 / 노계	a spring chicken/an old chicken	童子鸡/成熟鸡	若鶏/親鳥
19	내장을 빼 내다	get rid of the guts	把内脏抽出	内臓を取り除く
20	찹쌀	glutinous rice	黏米	もち米
21	대추	a jujube	大枣	なつめ

❷ 미역국 seaweed soup 海菜汤 わかめスープ

	한국어	영어	중국어	일본어
1	국물	soup, broth	汤, 清汤	汁, スープ
2	즐겨 먹다	enjoy eating	喜欢吃, 爱吃	好んで(楽しんで)食べる
	즐겨 + 동사(V)	enjoy/love ~ ing	喜欢, 爱+动词	好んで(楽しんで) + 動詞(V)
3	산모	a woman delivered of a child	产妇	産後間もない婦人
4	미역 / 미역국	a brown seaweed/ seaweed soup	裙带菜/裙带菜汤	わかめ/わかめスープ
5	피가 맑다	the blood is clear and pure	清血	血が澄んでいる
	피를 맑게 하다	make a blood thin (clear)	(使)清血	血をきれいにする
6	생일을 맞다	have a birthday	过生日	誕生日を迎える
7	인사	greetings	打招呼, 请安	挨拶
8	~이/가 미끈미끈하다 /미끈한+명사(N)	be slippery and sticky / slippery/sticky	发滑, 流畅/粘糊糊的, 粘粘的 + 名词	~がぬるぬるする/ぬるぬるした+名詞(N)
9	시험에서 미끄러지다	failure in an examination	落榜, 落选	試験にすべる
10	합격/불합격	pass/ failure; success in an examination/ failure in an examination	合格/不合格	合格/不合格
11	찰떡	a glutinous rice cake	黏糕	(もち米で作った)餅
12	엿	Korean taffy (candy)	糖稀	韓国式飴
13	착착 붙다	stick fast	顺利的考上, 紧紧的帖	べたべたくっつく
14	시험에 붙다 /시험에서 떨어지다	succeed in an examination/ fail (drop) in an examination	考上, 合格/ 落榜, (考试中)掉下来	試験に受かる/試験に落ちる
15	결론적으로	to conclude, in conclusion	结论, 以此推断出	結局は
16	출산	childbirth	生产, 分娩	出身
17	실패 / 성공	failure/ success	失败/成功	失敗/成功

❸ 아리랑 Arirang 阿里郎 アリラン

	한국어	영어	중국어	일본어
1	감정을 표현하다	express, describe how moving it is	表达感情	感情を表現する
2	힘이 나다	get energetic	有力气的	元気が出る
3	흥이 나다	get excited	有兴致的	楽しくなる
4	분위기	an atmosphere	氛围, 气氛	雰囲気
5	~이/가 전해지다	come down to, be transmitted	传达到, 转达到	～が伝わる
	~을/를 전하다	pass down	传达, 转达	～を伝える
6	민요	a folk song	民谣	民謡
7	정확하다 /정확하게	exact/ exactly	正确的, 准确地	正確だ/正確に
8	대표적인 + (명사)N	N representive	代表性的(+名词)	代表的な＋(名詞)N
9	~이/가 빠르다 /~이/가 느리다	fast/slow	快的/慢的	～が早い/～が遅い
10	~이/가 경쾌하다	be rhythmical	轻快的	～が軽快だ 心地いい
11	지역	an area, a local, a region	地域, 区域	地域
12	~이/가 유명하다	be famouse for well-known	有名的, 出名的	～が有名だ

❹ 사물놀이 samulnori 农乐 サムルノリ

	한국어	영어	중국어	일본어
1	움직이다	move	活动	動
2	기운이 나다	feel storng, cheerful	有力的, 有力气的	元気が出る
3	신이 나다	be excited	起劲, 兴致勃勃	楽しくなる
4	덩실덩실	dancing joyfully	翩跹, 手舞足蹈地	興に乗って踊りまくる様
5	어깨춤을 추다	dancing with one's shoulders moving up and down	跳耸肩舞	肩で調子をとって踊る
6	절로	automatically	自然而然的, 自动的, 不由的	おのずと
7	일상생활	everyday life	日常生活	日常生活
8	관계가 있다	have something to do with	有关系	関係がある
9	악기	a musical instrument	乐器	楽器
10	관악기	a wind instrument	管乐器	管楽器
11	현악기	a string instrument	铉乐器	弦楽器
12	타악기	a percussion instrument	打击乐器	打楽器
13	입으로 불다	blow, play the~	用嘴吹	口で吹く
14	소리를 내다	make a sound	发出声音	音を出す
15	줄을 퉁기다	thrum	拨琴铉	弦を弾く
16	~을/를 두드리다	beat, tap	打击, 拍打	～を打つ
17	서민적	humble and popular	平民的	庶民的
18	~에 친숙하다	be familiar with	亲熟, 熟悉	～に慣れ親しむ
19	음악성을 인정받다	recognize the musicality	音乐性受到认可	音楽性を認められる
20	지휘자	a commander	指挥者	指揮者
21	~의 역할을 하다	take a role	扮演	～の役割をする
22	든든한 기둥	a stout pillar	坚实的基础	頑丈な柱
23	웅장하다	be magnificent	雄壮	勇壮だ
24	벼락	thunder	霹雳	雷
25	~에 비유하다	liken to	比喻	～に比喩する 例える
26	주방	a kitchen	厨房	厨房
27	비언어극	a nonverbal play, pantomime	非语言剧	非言語劇
28	초연	premiere, the first performance	初演, 首演	初演
29	~을/를 초월하다	transcend	超过, 超越	～を超越する
30	세계적+명사(N)	international + N	世界的+ 名词	世界的+名詞(N)

❺ 온돌 ondol 温突，炕 オンドル(韓国式床暖房)

	한국어	영어	중국어	일본어
1	~이/가 뚜렷하다	be clear	明显，分明	～がはっきりしている
	뚜렷한 +명사(N)	clear +N	明显的＋名词	はっきりした +名詞(N)
2	난방 방식	heating system	取暖方式	暖房方式
3	실내/실외	inside/outside	室内/室外	室内/屋外(室外)
4	서양/동양	the West/ the East	西方/东方	西洋/東洋
5	반면	the other hand	反过来	反面
6	바닥	floor	地板	平面
	방바닥, 길바닥	he floor of the room/ the roadbed	市内地板，路面	床，道の地面
7	좌식 생활 /입식 생활	sedentary life style / stand-up life style	坐式生活 /立式生活	座式生活/立式生活
8	~이/가 ~에 적합하다	be suitable	适合于	～が～に適合する
9	아궁이	a fireplace, a fuel hole	灶口,灶孔，灶门	かまど
10	불을 때다	make a fire	烧火	火を焚く
11	돌이 뜨겁다 /돌이 뜨거워지다	A stone is hot./ A stone gets hot.	石头热/石头发热	石が熱い/石が熱くなる
12	식다	get cold	凉，扫兴	冷める
13	성질	attribute	性质	性質
14	연료	fuel	燃料	燃料
15	연탄	briquet	没病，蜂窝煤	練炭
16	개량식 온돌 보일러	reformed-Ondol system	改良式炕锅炉	改良式オンドルボイラー
17	~이/가 보편화되다	be generalized	普遍化	～が普遍化する
18	파이프를 묻다	bury a pipe	埋水管	パイプを埋める
19	온수를 순환시키다	let the hot water circulate	循环热水	温水を循環させる
20	지혜를 엿보다	catch the wisdom/ tell the wisdom	窥见智慧	知恵を伺いみる

❻ 찜질방 fomentation room 桑那浴 チムチルパン

	한국어	영어	중국어	일본어
1	피로가 쌓이다	feel fatigued	积劳成疾	疲労が溜まる
2	스트레스를 풀다	get rid of the stress	缓解压力, 轻松一下	ストレスを解消する
3	휴식	a rest	休息	休息
4	~을/를 통해	through	通过,	～を通じて
5	재충전을 하다	refresh by	再充电, 重新振作	再充電する
6	~이/가 색다르다	be unique	别样, 异样	～が異色である
	색다른 +명사(N)	unique + N	异样的	異色な +名詞(N)
7	피로를 풀다	relieve from the fatigue	消除疲劳	疲労を解消する
8	뜨거운 물에 몸을 푹 담그다	take a bath, lower into a bathtub	用热水浸泡	熱いお湯に浸かる
9	공간	space, room, place	空间,	空間
10	수면실	the room for sleeping	休息室, 睡眠室	睡眠室
11	~이/가 가능하다 /불가능하다	be possible/ be impossible	可能, 不可能	～が可能だ/不可能だ
12	한마디로	after all, namely	总而言之, 总的来说	一言で
13	연인	lover, couple	恋人, 情人	恋人
14	~는 경우가 있다	there is a case	有…情况	～という場合がある
15	이색 테마 체험	experience of the unique theme	体验异国情调	異色テーマ体験
16	생기다 /없어지다	appear /disappear	出现, 消失	生じる/なくなる

❼ 김치　kimchi　泡菜　キムチ

	한국어	영어	중국어	일본어
1	~에 대해(서)	about	对于，对…	～について
2	주식	a staple food, the principal food	主食	主食
3	반찬/밑반찬	a side dish	副食, 菜肴/ 酱菜	おかず/副菜
4	~을/를 통해(서)	through	通过	～を通じて
5	~이/가 충분하다	be sufficient, enough	很充分的	～が充分だ
	충분한+명사(N)	enough + N	充分的 +名词	充分な+名詞(N)
6	~에 따라(서)	according to	按照，依照	～によって
7	이/가 넘다	exceed	超过	～が超える
8	야채 섭취	ingestion of vegetables	摄取蔬菜	野菜摂取
9	발효음식	fermented food	发酵食品	発酵食品 (発酵した食べ物)
10	소금에 절이다	pickle with salt	用咸盐腌制	塩に漬ける
11	~이/가 넉넉하다	be enough, plenty	绰绰有余的, 很多的	～がゆったりしている
	넉넉한+명사(N)	enough + N	很多的+ 名词	ゆったりした+名詞(N)
12	~ 내내 / 겨울 내내, 1년 내내	all through/ all through the winter, all through the year	始终, 一直 / 整个冬天, 一年中一直	～ずっと/冬の間ずっと, 1年間ずっと
13	김장	pickled vegetables prepareed for the winter	越冬泡菜	越冬用のキムチの漬け込み, またはその漬けたもの
14	김치를 담그다	make a Kimchi	腌越冬泡菜	キムチを漬ける
15	항아리	a jar, a pot	坛子	壺
16	~을/를 ~에 묻다	bury	埋下, 埋于	～を/～に埋める
17	~을/를 저장하다	store, keep	储存于, 藏于	～を貯蔵する
18	한~ /한겨울, 한여름, 한밤	mid~ /midwinter, midsummer, midnight	正中, 正中间/ 严冬, 盛夏, 午夜	真～/真冬, 真夏, 真夜中
19	~이/가 보편화되다	e generalized	普遍的, 普遍于	～が普遍化する
20	~이/가 ~에 잘 어울리다	become, good on	适合，适合于	～が～によく合う(よく似合う)
21	축제를 열다	hold a festival	开庆祝会, 过节日	祭を開催する

❽ 떡 rice cake 糕 餅

	한국어	영어	중국어	일본어
1	쌀가루	rice flour	米粉	米の粉
	밀가루	wheat flour	面粉	小麦粉
2	재료	ingredient	材料	材料
3	~을/를 섞다	mix-up	混合, 掺杂, 搀和	～を混ぜる
4	~을/를 찌다	steam	蒸	～を蒸す
5	~을/를 삶다	boil up	煮	～を茹でる
6	~을/를 전하다	pass down	传达, 转达	～を伝える
7	방법	a way,how to make	方法, 办法	方法
8	종류	a kind	种类, 品种	種類
9	~이/가 다양하다	various,vary	多样, 各种各样的	～が多様だ 様々だ
10	~을/를 가지고 다니다	going with ~	携带	～を持ち歩く
11	간식	a snack, eating between meals	零食, 零嘴	間食
12	~이/가 빠지다	be not included	漏, 掉	～が抜けている
	~을/를 빼다	get removed	抽出, 拔出, 拉出	～を抜く
13	제사	ancestor worship	祭祀	祭祀(主に日本で言うところの法事を指す)
14	명절	a national holiday	节日	節目節目の伝統的祝日(元旦など)
15	떡을 돌리다	pass round, send round	分享, 分给,	餅を配る
16	~을/를 나누다	share	分, 分享, 分担	～を分ける
	~을/를 나누어 먹다	—share the food with	起吃, 分开吃	～を分けて食べる
17	성장	growth	成长, 长大	成長
18	~을/를 기원하다	pray for, hope and pray	祈愿, 期望	～を願う
19	설날	New Year's Day	春节	正月
20	떡국	rice dumpling soup	糕汤	韓国式お雑煮
21	추석	Thanksgiving Day of korean	中秋节, 秋夕	お盆
22	송편	a half-moon-shaped rice cake ; stuffed with beens and flavored with pine needles	松糕	韓国式餡入り餅
23	나이를 먹다	age,put on years	长岁数	年をとる
24	~을/를 낳다	give birth to, bear	生产, 分娩, 产生, 造成	～を産む

❽ 떡 rice cake 糕 餅

	한국어	영어	중국어	일본어
25	~이/가 유행이다	become popular,trend	流行, 时兴	～が流行っている
26	~대신에	instead of	替, 代替	～の代わりに
27	퓨전떡	a fusion rice cake	融合糕, 多样糕	フュージョン餅
28	~을/를 빚다	make dumplings, stuffed rice cake	包, 捏, 做, 造成, 酿成	～をこしらえる

⑨ 제주도 Jeju-do 济州岛 済州島

	한국어	영어	중국어	일본어
1	행정구역	administrative district	行政区域	行政区域
2	특별시	municipality	特别市	特別市
3	광역시	megalopolis	广域市	広域市
4	도	province	道	道
5	섬	island	岛	島
6	비교적	comparatively	比较, 相对	比較的
7	자연경관	natural landscape	自然景观	自然景観
8	들	field	田野	野原
9	독특한	unique	独特的	独特な
10	자연환경을 이루다	build up the nature environment	形成自然环境	自然環境を成している
11	~을/를 찾다	visit	寻找	～を訪ねる
12	옛 ~ /옛 이름	old / old name	古/ 古名	昔の～/昔の名前
13	~(이)라고 불리다	be called	被称为	～と呼ばれる
14	동서남북	the four cardinal points ; north, south, east and west	东西南北	東西南北
15	타원형	an oval	椭圆形	楕円形
16	중앙	center	中央, 中心	中央
17	해발	above the sea level	海拔	海抜
18	기온차	gap of temperature	温差	気温差
19	고도	altitude	高度	高度
20	식물이 ~에 분포하다	be distributed	植物…分布于	植物が～に分布する
21	감귤	a tangerine	柑橘	みかん
22	유채꽃	a poppy flower, a rape blossom	油菜花	菜の花
23	조랑말	a pony	短腿马, 矬马	ポニー
24	향토 음식	foods for a province	乡土饮食, 地方饮食	郷土料理
25	해물뚝배기	seafood soup in the unglazed earthen bowl	海味沙锅	海鮮丼
26	~구이	meat or fish roasted with seasoning	烧烤	焼き～
27	갈치구이 /옥돔구이	roasted hairtail / roasted tilefish	刀鱼烧烤/ 马头鱼烧烤	焼きキムチ/焼き魚(アカアマダイ)

	한국어	영어	중국어	일본어
1	~을/를 대표하다	represent	代表, 象征	～を代表する
2	역사	history	历史	歴史
3	정치	politics	政治	政治
4	경제	economy	经济	経済
5	교육	education	教育	教育
6	문화	culture	文化	文化
7	교통	transportation	交通	交通
8	중심지	a center	中心	中心地
9	호랑이	a tiger	老虎	虎
10	까치	a magpie	喜鹊	カササギ
11	은행나무	a gingko tree	银杏树	銀杏の木
12	개나리	a forsythia	(植)连翘	レンギョウ
13	인구밀도	the density of population	人口密度	人口密度
14	~에 불과하다	be not more	不过, 只不过	～に過ぎない
15	~이/가 집중되어 있다	centralize	集中于	～が集中している
16	대중교통 수단	transportation	大众交通手段	大衆交通手段
17	이동	transfer	移动	移動
18	~이/가 편리하다	be convenient	便于, 方便于	～が便利だ
19	~을/를 비롯하여	including, as well as	包括	～をはじめとする
20	수상스키장	water skiing resort	水上滑冰	水上スキー場
21	낚시터	a fishing place	钓鱼处, 钓台	釣り場
22	자전거도로	the road for only bicycle	自行车道	自転車道路
23	하천	a creek	河流, 河川	河川
24	~을/를 연결하다	connect, interlink	连接	～を連結する
25	~을/를 지나다	pass by, go through	经过, 路过, 走过,	～を通りすぎる
26	~을/를 건너다	go over, cross over	过, 渡, 趟, 涉, 越	～をこえる
27	~여 개 / 약 ~개	about	余个/ 大约 ~个	～個余りの/約～個
28	주변	surrounding	周边	周辺
29	~에 다다르다	arrive, reach	到达, 抵达, 达到	～に差しかかる
30	서울 홍보관	Seoul public information center	首尔宣传馆	ソウル広報館

⑪ 한글 Hangeul (韓国語の文字)韩语 ハングル

	한국어	영어	중국어	일본어
1	~을/를 통해	through	通过, 因此	～を通じて
2	차이점	difference, differentia	区别, 差异	差(差異点)
3	음성언어/ 문자언어	the phonetics of a language/ literal language	音声语言/ 文字语言	音声言語/文字言語
4	소리 / 글자	a sound/a letter	声音/ 文字	音/文字
5	즉	after all, in sum	即, 就是	すなわち
6	한자	Chinese character	汉字	漢字
7	~을/를 표기하다	transcribe	表示, 标出	～を表記する
8	세종대왕: 조선시대 제 4대 왕	Sejong the great; the 4th king of Joseon era	世宗大王: 朝鲜第4代王	世宗大王: 朝鮮時代の第４代の王
9	학자	a scholar	学者	学者
10	연구하다	study, read up, reserch	研究	研究する
	계획적으로	in purpose	有计划的	計画的に
11	~을/를 반대하다, ~에 반대하다	be opposed to, against	反对	～を反対する, ～に反対する
12	훌륭하다	be honorable, brilliant	出色, 优秀	偉大だ, すばらしい
13	백성	all people	百姓, 平民	百姓
14	널리	widely, generally	广泛的, 普遍的, 宽泛的	広く, あまねく
15	우수성	excellency	优越的, 优越性	優秀性
16	과학성	scicnce	科学的, 科学性	科学性
17	독창성	originality	独创的, 独创性	独創性
18	인정을 받다 /인정을 하다	be acknowledged as/ acknowledge, recognize	被认可的, 得到认可	認められる/認める
19	문맹 퇴치	a crusede against illiteracy	扫盲, 文盲退治	文盲退治
20	~에 공헌하다	contribute to	贡献于, 做出贡献	貢献する
21	각국	all the countries of the world	各国	各国
22	유명단체	an organization, an association	有名团体	有名団体

⑫ 한복　Korean clothes　韩服　韓服(女性用はチマ・チョゴリ)

	한국어	영어	중국어	일본어
1	고유의	uniqe	固有的, 传统的	固有衣
2	전통 의상	traditional clothing	传统服装	伝統衣装
3	곡선미/직선미	the beauty of the curves / lineal beauty	曲线美 /直线美	曲線美/直線美
4	~이/가 우아하다	be elegant	优雅的	～が優雅だ
5	~느낌을 주다	impress	给…印象	～な感じを与える
6	~이/가 몸에 꽉 끼다	be tight	紧身的, 紧紧贴身的	～が体にぴったりフィットする
7	소재	material	材料, 素材	素材
8	색상	the tone of color	颜色, 色彩	色彩
9	성별	sex distinction	性别	性別
10	신분	a social position	身份	身分
11	예복	a full dress, dress suit	礼服	礼服
12	평상복	ordinary dress	平常服, 便服, 休闲服	普段着
13	~차림을 하다	dress up	着装, 打扮	～のなりをする
14	~이/가 곱다	be lovely, pretty	美丽, 优雅	～がきれいだ
	고운+명사(N)	fine, lovely, pretty +N	美丽的 + 名词	きれいな+名詞(N)
15	개량한복	reformed-Hanbok	改良韩服	改良韓服
16	~을/를 응용하다	apply to	应用, 活用	～を応用する
17	아름다움	the beauty	美丽, 漂亮	美しさ
18	실용성	practicality, utility	实用性	実用性

⑬ 태극기 Taegeukgi 太极旗 太極旗

	한국어	영어	중국어	일본어
1	국기	the national flag	国旗	国旗
2	모양	a shape	形式, 样式	模様
3	색깔	a color	颜色, 色彩	色
4	~과/와 ~이/가 마찬가지이다	be the same as~	和…一样	～と～が同じようなものだ
5	국제회의	an international conference	国际会议	国際会議
6	만국기	the flags of all nations	万国旗	万国旗
7	태극 문양	Taeguk symbol pattern	太极纹饰	太極文様
8	대문	the front gate(entrance)	大门	表門
9	북	a drum	鼓	太鼓
10	부채	a fan	扇子	扇子, 扇
	자수	embroidery	刺绣	刺繍
11	떡살	rice cake model	糕饼模子, 糕花模板	餅に押す型
12	장식	decoration	装饰	装飾
13	~(으)로 쓰이다	use	用于	～に使われる
14	~을/를 쓰다	use	用, 用作	～を使う
15	전사	warrior	战士	戦士
16	선수	player, athlete	选手	選手
17	바탕	base, foundation	底, 底色, 根基, 资质	基本
18	순결	purity	纯洁	純潔
19	음 /양	Yin and Yang ; the negative and the positive	阴/阳	陰/陽
20	우주	the universe	宇宙	宇宙
21	태양	the sun	太阳	太陽
22	지구	the earth	地球	地球
23	귀퉁이	the corner	角落, 边角	角, 隅
24	막대	a bar, stick	棍子	棒
25	정의	justice	正义	正義
26	풍요	richness, wealth	丰收, 丰饶	豊饒
27	생명력	vitality, survival power	生命力	生命力
28	지혜	wisdom	智慧	知恵

⑭ 겨울연가 Winter Sonata 冬季恋歌 冬のソナタ

	한국어	영어	중국어	일본어
1	잘생기다/ 못생기다	be good-looking / be ugly	好看, 漂亮, 帅的	見た目がいい/不細工だ
2	대단하다	enormous, great	了不起，优秀	すごい
3	~이/가 부럽다 / ~을/를 부러워하다	come into the spotlight / pay attention to	受到瞩目/ 瞩目于	～が羨ましい/～を羨ましがる
4	더불어	with ~, keep pace with ~	一起, 一块, 一同, 与, 同	一緒に
5	관심이 높아지다	be interested in	受到关注	関心が高くなる
6	한류열풍이 불다	creat a boom of korea	引起寒流风潮	韓流ブームになる(熱風が吹く)韓流ブームになる(熱風が吹く)
7	폭발적인 인기를 끌다	make a great coup	受到爆炸性的人气	爆発的な人気を呼ぶ
8	욘사마 : 한국의 남자 배우 '배용준'을 일본에서 부르는 애칭	the nickname for Bae Yong-Jun who is Korean entertainer by the Japanese	在日本称韩国的男演员‘裴勇俊‘	ヨン様：韓国の俳優‘ぺ・ヨンジュン’の日本での愛称
9	현지 연예인	local entertainer	当地艺人	現地の芸能人
10	관심을 모으다	get attention	引起瞩目, 引起关注	関心を集める
11	촬영지	location for making a film	摄影地	撮影地
12	관광지/관광 상품 /관광객	tourist resort / souvenir / tourist	旅游地/旅游商品/ 旅游客	観光地/観光商品/観光客
13	개발되다	produce, make	开发	開発される
14	~행 비행기	the flight for ~	~行 飞机	～行きの飛行機
15	한국행 비행기	the flight for korea	韩国行飞机	韓国行きの飛行機
16	해외 진출	overseas expansion	输出海外	海外進出
17	눈에 띄다	remarkable	明显, 显眼	目に付く 目立つ
18	대중문화의 열기	masscult fever	大众文化的热气	大衆文化の熱気
19	외교관	a diplomate	外交官	外交官
20	민간 외교	vernmenal(people-to-people) diplomacy	民间外交	民間外交
21	기업	corporation	企业	企業

	한국어	영어	중국어	일본어
22	영향을 미치다/ 영향을 주다	influence/have an effect on	影响到 / 有影响	影響を及ぼす/ 影響を与える
23	경제력	economic strength	经济力	経済力
24	수고	efforts	辛苦, 付出	尽力, 苦労
25	~을/를 받아들이다	accept	接受	～を受け入れる
26	~을/를 소개하다	introduce	介绍	～を紹介する
27	~을/를 알리다	let know, announce	让…知道	～を知らせる
28	~을/를 향해	towards	向…	～に向けて
29	~에 나아가다	go forward	前进	～に出て行く
30	~을/를 기대하다	expect	期待	～を期待する

⑮ 아줌마　Aunt　大嫂　アジュンマ(おばさん)

	한국어	영어	중국어	일본어
1	인상	impression	印象	印象
2	정이 많다	be warmhearted	多情的, 厚道的	多情だ
3	감정적/이성적	emotional/ rational	感情的, 非理性的, 感情用事的/理性的, 理智的	感情的/理性的
4	눈썹	the eyebrow	眉毛	眉毛
5	문신	a tattoo	纹身	刺青
6	뻔뻔하다	be shameless	无耻的, 脸皮厚的, 厚颜无耻的	図々しい
7	자리를 양보하다	offer the seat to~	让座位	席を譲る
8	씩씩하다	be brave	刚健, 强劲, 泼辣	活発で凛々しい
9	중년/노년	middle age/ old age	中年/老年	中年/老年
10	희생적이다	make a sacrifice of	牺牲的	犠牲的だ
	희생적+명사(N)	sacrificial + N	牺牲的 + 名词	犠牲的+名詞(N)
11	고객	a customer	顾客	顧客
12	점원	a shop clerk	店员	店員
13	몸이 불편하다	be handicapped	不方便的, 有残疾的	体が不便だ
14	호칭	name, denomination	称呼	呼称
15	사모님	Mrs., madam	师母	事務室
16	친척	a relative	亲戚	親戚
17	미시족	missy (tribe)	对看不出已婚的女人的称呼	ミッシー族(若々しく, 未婚のように見える既婚の女性)
18	관계	relationship	关系	関係
19	연령	age	年龄	年齢
20	상황	situation	状况/情况	状況
21	늙다/젊다	get old / young	老的/年轻的	年取った/若い
22	독신	a single	独身	独身
23	~이/가 ~에 담겨 있다	mean	富含, 包含	～が～にこもっている
24	촌스럽다 /세련되다	be rustic (countrified) / be polished (stylish)	土里土气的, 俗气的 / 精炼的, 娴熟的, 老练的	田舎くさい, ダサい / 洗練された

연습문제 정답

VOCABULARY

A. 알맞은 표현을 골라 문장을 완성하세요.

1. 나는 추위는 참아도 더위는 못 참아요.
2. 커피에 설탕을 넣어요.
3. 삼계탕은 늙은 닭(노계)보다 영계로 끓여야 맛있어요.
4. 라면을 끓여서 먹었어요.
5. 건강은 건강할 때 지키세요.

B. 문장을 완성하세요.

1. 운동을 많이 하면 땀을 흘립니다.
2. 지는 것보다 이기는 것이 기쁩니다.
3. 돈을 지갑에 넣습니다.
4. 오늘은 의욕이 없어서 아무 것도 하고 싶지 않아요.
5. 생선의 내장을 빼고 요리합니다.

COMPREHENSION

A. 맞는 것을 고르세요.

1. 여름의 아주 더운 날씨를 ....(이)라고 합니다.
   - ☐ 삼계탕
   - ☐ 복날
   - ☑ 삼복더위

2. 한국인은 여름에도 .... 뜨거운 음식을 즐겨 먹습니다.
   - ☐ 차가운 음식을 싫어해서
   - ☑ 더위를 이기기 위해서
   - ☐ 삼계탕이 만들기 간단해서

3. 삼계탕은 ....
   - ☑ 오랫동안 끓여서 만듭니다
   - ☐ 어린 닭의 내장도 함께 만듭니다
   - ☐ 보양식품이 아닙니다

B. 맞는 단어를 써서 문장을 완성하세요.

1. 이열치열 : 뜨거운 것을 더 뜨거운 것으로 이긴다는 뜻입니다.
2. 삼복 : 초복, 중복, 말복
3. 삼계탕의 재료 : 어린 닭(영계), 찹쌀, 대추, 인삼 등

C. 맞는 표현을 찾아 문장을 만드세요.

1. 날씨가 더우면 땀을 흘립니다.
2. '복날'은 여름 중에서 가장 더운 날을 말합니다.
3. 삼계탕은 닭에 인삼 등을 넣고 푹 끓인 음식입니다.
4. 삼계탕을 만드는 방법은 간단합니다.
5. 더위를 이기기 위해서 보양음식을 먹습니다.

D. 본문을 읽고 다음 질문에 답하세요.

1. 여름 중 가장 더운 날을 뭐라고 합니까?
   여름 중 가장 더운 날을 복날이라고 합니다.
2. 날씨가 어떨 때 땀을 많이 흘리게 됩니까?
   날씨가 더울 때 땀을 많이 흘리게 됩니다.
3. 한국인은 더운 날씨에 뜨거운 음식을 안 먹습니까?
   아니오, 한국인은 더운 날씨에도 뜨거운 음식을 즐겨 먹습니다.
4. 삼계탕의 '계'는 무슨 뜻입니까?
   삼계탕의 '계'는 닭을 의미합니다(말합니다).
5. 삼계탕을 만들려면 어떤 재료가 필요합니까?
   삼계탕을 만들려면 닭(영계), 찹쌀, 대추, 인삼 등의 재료가 필요합니다.

GRAMMAR

■ 아래의 표현을 써서 두 문장을 하나로 만드세요.

1. 봄이 옵니다 + 꽃이 핍니다
   → 봄이 오면 꽃이 핍니다.
2. 복날이 됩니다 + 삼계탕을 먹는 사람들이 많습니다
   → 복날이 되면 삼계탕을 먹는 사람들이 많습니다.
   복날이 되어서 삼계탕을 먹는 사람들이 많습니다.
   복날이 되니까 삼계탕을 먹는 사람들이 많습니다.
3. 닭에 여러 가지 재료를 넣습니다 + 푹 끓입니다
   → 닭에 여러 가지 재료를 넣어서 푹 끓입니다.
   닭에 여러 가지 재료를 넣고 푹 끓입니다.
4. 아침에 일어납니다 + 세수를 합니다
   → 아침에 일어나서 세수를 합니다
5. 시간이 없습니다 + 빨리 가자(갑시다)
   → 시간이 없으니까 빨리 가자(갑시다)
6. 삼계탕의 '삼'은 인삼을 뜻합니다 + '계'는 닭을 말합니다
   → 삼계탕의 '삼'은 인삼을 뜻하고 '계'는 닭을 말합니다.
7. 숙제를 합니다 + 선생님께 보여 드렸습니다
   → 숙제를 하고 선생님께 보여 드렸습니다.
8. 친구와 함께 걸어갑니다 + (친구와) 이야기를 합니다
   → 친구와 함께 걸어가면서 이야기를 합니다.
9. 공부를 많이 안 했습니다 + 시험을 잘 못 봤습니다
   → 공부를 많이 안 해서 시험을 잘 못 봤습니다.
10. 꽃을 샀습니다 + 여자 친구에게 주었습니다
    → 꽃을 사서 여자 친구에게 주었습니다.

VOCABULARY

A. 맞는 단어를 골라 쓰세요.

1. 아기를 낳는 것을 출산이라고 합니다.
2. 아기를 낳은 지 얼마 안 된 여자를 산모라고 합니다.
3. 시험에 붙는 것을 합격이라고 합니다.
4. 시험에서 떨어지는 것을 불합격이라고 합니다.
5. 실패는 성공의 어머니입니다.
6. 생일은 태어난 날을 말합니다.

B. 문장을 완성하세요.

1. 커피를 마시려면 먼저 물을 끓입니다.
2. 한국어를 잘 할 수 있기를 바랍니다.
3. 스케이트를 타다가 미끄러졌습니다.
4. 할머니의 여든 번째 생일을 맞아서 팔순 잔치를 했습니다.

COMPREHENSION

A. 맞으면 ○, 틀리면 하세요.

1. 한국인은 매일 미역국을 먹습니다. (○ ×) — ×
2. 한국인은 미역국을 먹으면 좋은 일만 생긴다고 생각합니다. (○ ×) — ×
3. 미역은 거칠지 않고 미끈미끈합니다. (○ ×) — ○
4. 시험에서 미역국을 먹었다는 것은 시험에서 떨어졌다는 뜻입니다. (○ ×) — ○

B. 맞는 단어를 찾아 쓰세요.

1. 미역국은 미역을 넣어 끓인 국입니다.
2. 출산했을 때와 생일에는 미역국을 먹습니다.
3. 시험을 보는 날에는 미역국을 먹지 않습니다.
4. 미역은 피를 맑게 해 줍니다.

C. 맞는 표현을 찾아 문장을 만드세요.

1. 생일을 맞은 사람에게 미역국을 먹었냐고 물어봅니다.
2. 시험을 본 후 미역국을 먹었다고 하면 좋은 결과가 나오지 않았다는 뜻입니다.
3. 미역국은 맵지 않아서 누구나 먹기 좋습니다.
4. 국물 요리에는 국, 찌개, 탕 등이 있습니다.
5. 한국인은 뜨거운 국물 요리를 즐겨 먹습니다.

D. 본문을 읽고 다음 질문에 답하세요.

1. 국물 요리에는 어떤 것이 있습니까?
   국물 요리에는 국, 찌개, 탕 등이 있습니다.
2. 미역국은 매운 국입니까?
   아니오, 미역국은 매운 국이 아닙니다.
3. 어떤 날 미역국을 먹습니까?
   산모가 아이를 낳은 후와 생일에 미역국을 먹습니다.
4. 시험을 보는 날 미역국을 먹지 않는 이유는 무엇입니까?
   시험을 보는 날 미역국을 먹지 않는 이유는 시험에서 미끄러지기를(나쁜 결과가 나오기를) 바라지 않기 때문입니다.
5. 시험을 보기 전에 먹는 음식은 무엇입니까? 그 이유는 무엇입니까?
   시험을 보기 전에 먹는 음식은 찰떡이나 엿입니다.
   찰떡이나 엿처럼 착착 붙으라는 의미에서 먹습니다.

GRAMMAR

■ 사람을 처음 만났을 때 자주 하는 질문은 무엇입니까?
표를 완성하고 '-냐고 해요(물어요)' 표현으로 바꿔 써 보세요.

	처음 만났을 때 자주 하는 질문	-냐고 해요(물어요)
1	어느 나라 사람이에요?	어느 나라 사람이냐고 해요.
2	가족이 몇 명이에요?	가족이 몇 명이냐고 해요.
3	무슨 음식을 좋아해요?	무슨 음식을 좋아하냐고 해요.
4	좋아하는 운동이 있어요?	좋아하는 운동이 있냐고 해요.
5	어느 나라에 가 보았어요?	어느 나라에 가 보았냐고 해요.
6	남자(여자) 친구 있어요?	남자(여자)친구 있냐고 해요.
7	결혼했어요?	결혼했냐고 해요.

VOCABULARY

A. 맞는 단어를 골라 쓰세요.

1. 밥을 안 먹으면 힘이 안 나요.
2. 서울은 한국의 대표적인 도시입니다.
3. 빠른 음악을 들으면 저절로 흥이 나요.
4. 그 친구를 좋아하는 감정은 있지만 아직 애인은 아니에요.
5. 꽃이 있으니까 분위기가 달라졌네요.
6. 외국 생활은 처음이지만 금방 익숙해졌습니다.

B. 다음 문장을 완성하세요.

1. 모이는 장소와 시간을 정확하게 말해 주세요.
2. 입에서 입으로 전해지는 것을 '구전'이라고 합니다.
3. 생각을 말로 잘 표현하는 것은 쉽지 않습니다.

D. 본문을 읽고 다음 질문에 답하세요.

1. 일을 할 때 노래를 부르면 어떻습니까?
   일을 할 때 노래를 부르면 힘이 납니다.
2. 여러 사람이 같은 노래를 함께 부르면 어떤 분위기가 됩니까?
   여러 사람이 같은 노래를 함께 부르면 분위기가 하나가 됩니다.
3. 민요란 무엇입니까?
   민요란 옛날부터 사람들의 입에서 입으로 전해지는 노래입니다.
4. 민요는 누가 언제 만들었는지 정확하게 알 수 있습니까?
   아니오, 민요는 누가 언제 만들었는지 정확하게 알 수 없습니다.
5. 민요는 지역에 따라 몇 가지가 있습니까?
   민요는 지역에 따라 50여 가지가 있습니다.

COMPREHENSION

A. 본문을 읽고 맞으면 ○, 틀리면 × 하세요.

1. 민요는 요즈음 생긴 노래입니다. (○, ×) — ×
2. 아리랑의 종류는 많지 않습니다. (○, ×) — ×
3. 민요의 작가는 누구인지 모릅니다. (○, ×) — ○
4. 일할 때 노래를 부르면 즐겁게 일할 수 있습니다. (○, ×) — ○

B. 다음 문장을 완성하세요.

1. (민요)는 옛날부터 입에서 입으로 전해지는 노래입니다.
2. (아리랑)은 한국의 가장 대표적인 민요입니다.
3. 아리랑은 (지역)에 따라 50여 가지가 있습니다.

C. 맞는 표현을 찾아 문장을 만드세요.

1. 사람들은 노래로 감정을 표현합니다.
2. 흥이 나면 일이 더 즐겁습니다.
3. 우리의 생활 속에는 늘 노래가 함께 있었습니다.
4. 민요는 누가 언제 만들었는지 알 수가 없습니다.
5. 점점 더 많은 사람들이 민요를 알게 되었습니다.

GRAMMAR

■ (　　)안에 알맞은 표현을 쓰세요.

1. (기쁜) 일이 있을 때 노래를 부릅니다. 기쁘다
2. (슬플) 때도 노래를 부르면 마음이 편안해집니다. 슬프다
3. 일을 (할) 때 노래를 부르면 피곤이 풀립니다. 하다
4. 사람들의 입에서 입으로 (전해지는) 노래를 '민요'라고 합니다. 전해지다
5. (빠른) 아리랑과 (느린) 아리랑이 있습니다. 빠르다, 느리다
6. (경쾌한) 아리랑과 (슬픈) 아리랑이 있습니다. 경쾌하다, 슬프다
7. 지역에 따라 (다른) 아리랑이 있습니다. 다르다
8. (예쁜) 꽃을 보니까 기분이 좋습니다. 예쁘다
9. 돈이 없어서 (비싼) 옷을 살 수 없어요. 비싸다
10. (재미있는) 영화를 보러 가고 싶어요. 재미있다

VOCABULARY

A. 맞는 단어를 골라 문장을 완성하세요.

1. 신나는 음악을 들으며 덩실덩실 춤을 춥니다.
2. 주방에서 요리를 합니다.
3. 저는 기분이 좋을 때 휘파람을 불어요.
4. 훌륭한 피아노 연주를 잘 들었습니다.
5. 문을 두드려 보세요.

B. 다음 문장을 완성하세요.

1. 집을 지을 때 먼저 기둥을 세웁니다.
2. 시간이 없습니다. 빨리 움직여요.
3. 자신의 실력을 인정 받을 때 행복해요.
4. 우리 언니는 엄마가 안 계실 때 엄마 역할을 합니다.
5. 그 노래가 요즈음 좋은 반응을 얻고 있어요.

COMPREHENSION

A. 틀린 것을 맞게 고치세요.

1. 사물놀이는 네 가지의 전통적인 관악기를 연주하는 것입니다.
   → 사물놀이는 네 가지의 전통적인 타악기를 연주하는 것입니다.
2. <난타>는 아직 해외 공연을 한 적이 없습니다.
   → 〈난타〉는 해외 공연을 많이 했습니다. 2003년에는 미국 브로드웨이에서도 공연을 가졌습니다.
3. 음악과 한국인의 일상생활은 관계가 없었습니다.
   → 음악과 한국인의 일상생활은 깊은 관계가 있었습니다.
4. 사물놀이에서 꽹과리는 전체의 소리를 웅장하게 만드는 악기입니다.
   → 사물놀이에서 징은 전체의 소리를 크고 웅장하게 만드는 악기입니다.
5. <난타>는 1997년 국내에서 마지막 공연을 했습니다.
   → 〈난타〉는 1997년 국내에서 초연을(첫 공연을) 했습니다.

B. 알맞은 표현을 골라 문장을 완성하세요.

1. 악기는 연주하는 방법에 따라 크게 세 가지로 나뉩니다.
2. 〈난타〉는 현대 공연입니다.
3. 줄을 튕겨서 소리를 내는 악기는 현악기입니다.
4. 가장 한국적인 것은 세계에서도 인정받습니다 .

C. 맞는 표현을 찾아 문장을 만드세요.

1. 악기는 연주하는 방법에 따라 관악기, 현악기, 타악기로 나뉩니다.
2. 사물악기는 매우 서민적이며 한국인에게 친숙한 악기들입니다.
3. 사물놀이는 해외공연에서그 음악성을 인정받고 있습니다.
4. 사물악기 중에서 꽹과리는 가장 작지만 소리가 크고 강합니다.
5. 〈난타〉는 사물 놀이의 리듬을 가지고 만든 현대 공연입니다.

D. 본문을 읽고 질문에 답하세요.

1. 언제부터 음악과 한국인의 일상생활은 아주 깊은 관계가 있었습니까?
   예로부터 음악과 한국인의 일상생활은 아주 깊은 관계가 있었습니다.
2. 악기는 무엇에 따라 크게 세 가지로 나뉩니까?
   악기는 연주하는 방법에 따라 크게 세 가지로 나뉩니다.
3. 기타와 바이올린은 어떻게 소리를 내는 악기입니까? 그런 악기를 뭐라고 합니까?
   기타와 바이올린은 줄을 튕겨서 소리를 내는 악기입니다. 그런 악기를 현악기라고 합니다.
4. 사물악기 중에서 꽹과리는 어떤 악기입니까?
   사물악기 중에서 꽹과리는 가장 작지만 소리가 크고 강한 악기입니다.
5. <난타>는 어떤 것이 가장 세계적이라는 것을 보여 준 공연입니까?
   〈난타〉는 한국적인 것이 가장 세계적이라는 것을 보여 준 공연입니다.

GRAMMAR

■ 다음 문장을 보기와 같이 바꿔 쓰세요.

1. 나는 사물놀이가 무엇인지 몰라요.
   → 나는 사물놀이가 무엇인지 몰랐어요.
2. 얼마 전에 학교에서 선생님께 사물놀이에 대해서 배워요.
   → 얼마 전에 학교에서 선생님께 사물놀이에 대해서 배웠어요.
3. 음악과 한국인의 일상생활은 깊은 관계가 있어요.
   → 음악과 한국인의 일상생활은 깊은 관계가 있었어요.
4. 사물놀이의 리듬을 가지고 현대 공연을 만들어요.
   → 사물놀이의 리듬을 가지고 현대 공연을 만들었어요.
5. 〈난타〉는 1997년 국내에서 초연을 해요.
   → 〈난타〉는 1997년 국내에서 초연을 했어요.
6. 〈난타〉는 2003년 미국 브로드웨이에서도 공연을 가져요.
   → 〈난타〉는 2003년 미국 브워드웨이에서도 공연을 가졌어요.
7. 언어와 문화를 초월해 해외에서도 좋은 반응을 얻어요.
   → 언어와 문화를 초월해 해외에서도 좋은 반응을 얻었어요.
8. 가장 한국적인 것이 세계적이라는 것을 보여 줘요.
   → 가장 한국적인 것이 세계적이라는 것을 보여 줬어요.
9. 나도 〈난타〉 공연을 보러 가요.
   → 나도 〈난타〉 공연을 보러 갔어요.
10. 그 공연은 매우 감동적이에요.
    → 그 공연은 매우 감동적이었어요.

VOCABULARY

A. 알맞은 단어를 골라 문장을 완성하세요.

1. 가: 민수 씨는 어떤 계절을 가장 좋아하세요?
   나: 저는 가을을 가장 좋아해요.
2. 서양 사람들은 방바닥에서 자지 않고 침대 생활을 해요.
3. 겨울에는 온수로 목욕을 합니다.
4. 국이 식기 전에 드세요.
5. 계절이 봄에서 여름으로 바뀌어요.

B. 알맞은 표현을 고르세요.

1. 저는 좌식 생활이 좋아요. 침대는 필요없어요.
2. 이 일에 적합한 사람을 찾고 있어요.
3. 옛날 물건을 통해 우리 조상들의 생활을 엿볼 수 있다.

COMPREHENSION

A. 알맞은 표현을 고르십시오.

1. 온돌은 한국의 계절에 .... 난방 방식입니다.
   - [x] 맞는
   - [ ] 맞지 않는
   - [ ] 안 어울리는

2. 한국인은 .... 에서 신발을 신지 않습니다.
   - [ ] 실외
   - [x] 실내
   - [ ] 밖

3. 여름에는 돌의 .... 성질 때문에 시원합니다.
   - [ ] 뜨거운
   - [ ] 더운
   - [x] 차가운

B. 틀린 것을 맞게 고치세요.

1. 한국에는 2개의 계절이 있습니다.
   → 한국에는 사계절이 있습니다.
2. 가을은 덥고 겨울은 따뜻합니다.
   → 가을은 시원하고 겨울은 춥습니다.
3. 한국인은 실내에서 신발을 신습니다.
   → 한국인은 실내에서 신발을 신지 않습니다.
4. 돌은 한번 뜨거워지면 잘 식습니다.
   → 돌은 한번 뜨거워지면 잘 식지 않습니다.
5. 여름에는 돌의 뜨거운 성질 때문에 시원합니다.
   → 여름에는 돌의 차가운 성질 때문에 시원합니다.

C. 맞는 표현을 찾아 문장을 만드세요.

1. 한국에는 뚜렷한 사계절이 있습니다.
2. 한국인은 실내에서 신발을 신지 않습니다.
3. 온돌은 겨울에는 따뜻하고 여름에는 시원합니다.
4. 온돌 문화에서 추위를 이기는 한국인의 지혜를 엿볼 수 있습니다.
5. 돌은 한번 뜨거워지면 잘 식지 않습니다.

D. 질문에 답하십시오.

1. 한국 고유의 실내 난방 방식은 무엇입니까?
   한국 고유의 실내 난방 방식은 온돌입니다.
2. '입식 생활'과 '좌식 생활'은 무엇이 다릅니까?
   좌식 생활은 바닥에 앉아서 생활하는 것이고, 바닥에 그냥 앉지 않는 것은 입식 생활입니다.
3. 전통적인 온돌의 연료는 무엇이었습니까?
   전통적인 온돌의 연료는 나무 등이었습니다.
4. 개량식 온돌 보일러는 어떤 방식입니까?
   개량식 온돌 보일러는 바닥에 파이프를 묻어 온수를 순환시키는 난방 방식입니다.
5. 온돌 문화에서 추위를 이기는 한국인의 무엇을 엿볼 수 있습니까?
   온돌 문화에서 추위를 이기는 한국인의 지혜를 엿볼 수 있습니다.

GRAMMAR

■ (　　　) 안에 알맞은 표현을 골라 쓰세요.

1. 돌은 한번 뜨거워지면 잘 식지 않습니다.
   (그래서) 추운 겨울에는 방바닥이 아주 따뜻합니다.
2. 마이클은 1시에 꼭 온다고 했습니다.
   (그런데) 2시가 될 때까지 연락이 없습니다.
3. 열이 나고 많이 아팠습니다.
   (그래도) 회사에 갔습니다.
4. 학교 수업이 끝나면 먼저 숙제를 합니다.
   (그리고) 친구들과 놀러 갑니다.
5. 오늘 비가 올 것 같아요.
   (그러니까) 우산을 가지고 가세요.
6. 엄마가 화가 나셨습니다.
   (왜냐하면) 내가 거짓말을 했기 때문입니다.
7. 오늘 날씨 좋네요.
   (그런데) 지금 몇 시예요?
8. 여기 비빔밥 하나 주세요.
   (그리고) 순두부찌개도 하나 주세요.
9. 모르는 게 많았습니다.
   (그래서) 선생님께 질문했습니다.
10. 나는 홍란 씨를 좋아합니다.
    (그런데) 홍란 씨는 나를 안 좋아합니다.

VOCABULARY

A. 어울리는 표현을 찾아 연결하세요.

1. 피로가 쌓여요(쌓이다)
2. 재충전을 해요(하다)
3. 피로를 풀어요(풀다)
4. 새로운 식당이 생겼어요(생기다)
5. 뜨거운 물에 몸을 담가요(담그다)
6. 부모님의 사랑을 받아요(받다)

B. 설명에 맞는 장소 이름을 고르세요.

1. 목욕을 할 수 있는 곳이에요. – 목욕탕
2. 친구들과 즐겁게 노래할 수 있는 곳이에요. – 노래방
3. 잠을 잘 수 있는 곳이에요. – 수면실
4. 인터넷이나 컴퓨터 게임을 할 수 있는 곳이에요. – PC방
5. 영화를 볼 수 있는 곳이에요. – DVD방
6. 식사를 할 수 있는 곳이에요. – 식당

COMPREHENSION

A. 틀린 것을 맞게 고치세요.

1. 나라마다 똑같은 휴식 장소와 방법이 있습니다.
   → 나라마다 색다른 휴식 장소와 방법이 있습니다.
2. 찜질방에 가면 목욕만 할 수 있습니다.
   → 찜질방에 가면 목욕뿐만 아니라 식사와 놀이도 할 수 있습니다.
3. 한국인들은 목욕을 하면서 피로가 쌓입니다.
   → 한국인들은 목욕을 하면서 피로를 풉니다.
4. 다양한 찜질방이 더 이상 생기지 않고 있습니다.
   → 다양한 찜질방이 계속 생기고 있습니다.

B. 다음 문장을 맞게 완성하세요.

1. 나라마다 색다른 휴식 장소와 방법이 있어요.
2. 찜질방에 가면 목욕뿐만 아니라 식사와 놀이도 할 수 있어요.
3. 항상 일만 하고 쉬지 않으면 피로가 쌓일 거예요.

C. 맞는 표현을 찾아 문장을 만드세요.

1. 사람들에게는 휴식이 필요합니다.
2. 쉬지 않으면 피로가 쌓입니다.
3. 목욕을 하면서 피로를 풀 수 있습니다.
4. 찜질방에는 없는 것이 없습니다.
5. 휴식은 또 다른 에너지를 만들어 줍니다.

D. 본문을 읽고 다음 질문에 답하세요.

1. 사람들에게는 왜 휴식이 필요합니까?
   휴식은 또 다른 에너지를 만들어 주기 때문입니다.
2. 찜질방에 가면 식사도 할 수 있습니까?
   네, 찜질방에 가면 식사도 할 수 있습니다.
3. 어떤 사람들이 찜질방을 찾습니까?
   가족이나 연인, 친구들이 함께 찜질방을 찾습니다.
4. 한국인은 뜨거운 물에 몸을 담그고 뭐라고 말합니까?
   한국인은 뜨거운 물에 몸을 담그고 '아, 시원하다'라고 말합니다.
5. 어떤 찜질방이 계속 생기고 있습니까?
   이색 테마 체험이 가능한 다양한 찜질방이 계속 생기고 있습니다.

GRAMMAR

■ 친구에게 찜질방에 대한 이야기를 해 주려고 합니다. 밑줄 친 부분을 '반말'로 바꿔 쓰세요. 그리고 큰 소리로 읽어 보세요.

1. 사람들에게는 누구나 휴식이 필요해.
2. 휴식은 또 다른 에너지를 만들어 줘.
3. 즉, 사람들은 휴식을 통해 재충전을 해.
4. 나라마다 색다른 휴식 장소와 방법이 있어.
5. 한국인은 목욕을 하면서 피로를 풀기도 해.
6. 뜨거운 물에 몸을 푹 담그고 '아, 시원하다'라고 말해.
7. 찜질방은 요즈음 한국인들에게 사랑받는 휴식 공간 중의 하나야.
8. 찜찔방에 가면 없는 것이 없어.
9. 목욕탕(사우나), 식당, 노래방, PC방, DVD방, 마사지실, 수면실 등등.
10. 한 마디로 찜질방에 가면 목욕뿐만 아니라 식사와 놀이도 할 수 있어.
11. 그래서 요즘은 가족이나 연인, 친구들이 찜질방에 함께 가는 경우도 많아.
12. 이색 테마 체험이 가능한 다양한 찜질방이 계속 생기고 있어.

VOCABULARY

A. 다음에서 알맞은 표현을 골라 문장을 완성하세요.

1. 손님이 오기 전에 음식을 넉넉하게 준비해요.
2. 오이를 소금에 절여서 오이피클을 만들어요.
3. 핸드폰과 인터넷 사용이 보편화되었어요.
4. 고향으로 돌아가는 친구를 위해 송별회를 열어요.
5. 이번 주는 일주일 내내 바빴어요.
6. 이메일을 통해서 친구와 연락해요.
7. 날씨에 따라 입는 옷이 달라요.
8. 결혼에 대해 아직 생각해 보지 않았어요.

B. 문장을 알맞게 완성하세요.

1. 어제 한국 친구와 처음으로 김치를 담가 보았는데 생각보다 만들기 쉬웠어요.
2. 주로 먹는 음식을 주식이라고 합니다. 나라마다 주식이 다릅니다.
3. 선물을 예쁘게 포장해서 선생님께 드렸어요.

COMPREHENSION

A. 질문에 맞는 답을 고르세요.

1. 옛날에는 김치를 어떻게 저장했습니까?
   - ☐ 실온에 저장
   - ☐ 김치 냉장고에 저장
   - ☑ 김치 항아리를 땅에 묻어 저장

2. 외국사람들이 김치관광을 오는 이유는 무엇입니까?
   - ☑ 김치 문화를 알고 싶어서
   - ☐ 김치를 좋아하지 않기 때문에
   - ☐ 김치를 팔기 위해서

3. '포장김치'가 잘 팔리는 이유는 무엇일까요?
   - ☑ 사 먹는 것이 편하기 때문에
   - ☐ 집에서 모두 김치를 만들기 때문에
   - ☐ 포장김치의 포장이 예쁘기 때문에

B. 맞는 단어를 찾아 쓰세요.

1. 한국인의 주식은 밥이고, 국과 반찬을 함께 먹습니다.
2. 겨울 내내 먹을 김치를 담그는 것을 '김장'이라고 합니다.
3. 김치는 야채를 소금에 절여서 오랫동안 먹을 수 있게 만든 발효음식입니다.
4. 요즈음은 김치 항아리 대신 김치 냉장고에 김치를 넣어 저장합니다.

C. 맞는 표현을 찾아 문장을 만드세요.

1. 한국인의 주식은 밥이고 국과 반찬을 함께 먹습니다.
2. 김치는 전통적인 발효 음식입니다.
3. 김치는 그냥 먹어도 맛있지만 김치로 만든 요리도 맛있습니다.
4. 김치를 사랑하는한국인은 해마다 김치축제도 엽니다.
5. 한국인은 김치를 통해서 야채를 충분히 섭취합니다.

D. 본문을 읽고 다음 질문에 답하세요.

1. 외국인들은 김치에 대해 어떤 질문을 자주 합니까?
   한국 사람들이 매일 김치를 먹는지 물어 봅니다.
   아이들이 언제부터 김치를 먹는지 질문합니다.
2. 한국인은 김치를 통해서 충분한 육류를 섭취합니까?
   아니오, 한국인은 김치를 통해서 충분한 야채를 섭취합니다.
3. 한국의 모든 아이들이 김치를 좋아합니까?
   아니오, 한국인은 김치를 통해서 충분한 야채를 섭취합니다.
4. 옛날에는 김치 항아리를 집안에 두었습니까?
   아니오, 옛날에는 김치 항아리를 바깥에 두었습니다.
   (김치 항아리를 땅속에 묻어서 김치를 저장했습니다)
5. 김치 박물관에 가면 무엇을 배울 수 있습니까?
   김치 박물관에 가면 김치의 역사와 만드는 법 등에 대해 배울 수 있습니다.

GRAMMAR

■ 위의 표에서 무엇이 어떻게 달라졌는지 '-아/어지다'를 넣어 한 문장으로 써 보세요.

1. 옛날에는 거리가 복잡하지 않았는데 요즘은 복잡해졌어요.
2. 아침에는 날씨가 좋았는데 지금은 흐려졌어요.
3. 작년에는 물건 값이 쌌는데 올해는 비싸졌어요.
4. 전에는 관광객이 적었는데 최근에는 관광객이 많아졌어요.
5. 어릴 때는 못생겼는데 지금은 예뻐졌어요.
6. 처음에는 한국어 공부가 쉬웠는데 지금은 한국어 공부가 어려워졌어요.
7. 아까 교실이 시끄러웠는데 지금은 조용해졌어요.

VOCABULARY

A. 어울리는 표현을 연결하세요.

1. 10을 5로 나누면 2가 돼요.
2. 추석에 송편을 빚어 먹어요.
3. 남자가 아기를 낳을 수 없어요.
4. 계란을 삶으면 삶은 계란이 돼요.
5. 여자들은 화장품을 가지고 다녀요.
6. 이 옷이 요즈음 유행이에요.

B. 다음 문장을 완성하세요.

1. 아기가 태어난 지 100일째 되는 날을 백일(이)라고 합니다.
2. 고추장은 한국인이 좋아하는 매운 양념 중의 하나입니다.
3. 설날이나 추석과 같은 날을 명절(이)라고 합니다.
4. 검은 색과 흰 색을 섞으면 회색이 됩니다.
5. 부모님은 자식이 잘 되기를 기원합니다.
6. 영희 씨가 빠지면 재미없으니까 다음 모임에 꼭 오세요.
7. 저는 나이를 먹는 것이 싫어요.

COMPREHENSION

A. 틀린 것을 맞게 고치세요.

1. 송편은 설날에 먹는 떡입니다.
→ 송편은 추석에 먹는 떡입니다.
2. 떡은 밀가루로 만듭니다.
→ 떡은 쌀가루로 만듭니다.
3. 특별한 날 한국인은 떡을 혼자 먹는 습관이 있습니다.
→ 특별한 날 한국인은 떡을 함께 나누어 먹는 습관이 있습니다.
4. 떡국은 매운 양념을 한 현대적인 떡 요리입니다.
→ 떡볶이는 매운 양념을 한 현대적인 떡 요리입니다.
5. 송편을 크게 빚으면 나중에 예쁜 딸을 낳는다고 말합니다.
→ 송편을 예쁘게 빚으면 나중에 예쁜 딸을 낳는다고 말합니다.

B. 문장을 완성하세요.

1. '퓨전 떡'은 요즈음 사람들이 좋아하도록 만든 떡입니다.
2. 떡은 종류가 다양합니다.
3. 생일에 케이크 대신에 떡 케이크를 준비하는 사람도 있어요.

C. 맞는 표현을 찾아 문장을 만드세요.

1. 떡은 모양과 맛이 좋고 먹기에도 편합니다.
2. 추석에는 송편을 빚어 먹습니다.
3. 명절마다 특별한 떡과 떡 요리가 있습니다.
4. 떡은 만드는 방법과 재료에 따라 종류가 다양합니다.
5. 아기가 태어난 지 100일째가 되면 백일 떡을 준비합니다.

D. 본문을 읽고 다음 질문에 답하세요.

1. 떡은 어떤 음식입니까?
쌀로 만든 한국 고유의 음식입니다.
2. 쌀가루에 여러 가지 재료를 섞은 후에 어떻게 하면 떡이 됩니까?
쌀가루에 여러 가지 재료를 섞은 후에 그것을 찌거나 삶으면 떡이 됩니다.
3. 떡은 왜 간식으로 매우 좋습니까?
떡은 가지고 다니기가 편해서 간식으로 매우 좋습니다.
4. 백일 떡을 함께 먹으며 무엇을 기원합니까?
백을 떡을 함께 먹으며 아기의 건강한 성장을 기원합니다.
5. 떡볶이는 고유 음식입니까?
아니오, 떡볶이는 고유 음식이 아닙니다.

GRAMMAR

■ 내가 들은 이야기를 다른 사람에게 말하는 연습을 해 보세요.

	내가 들은 이야기	들은 이야기를 다른 사람에게 할 때
1	"송편을 예쁘게 빚으면 나중에 예쁜 딸을 낳아요."	송편을 예쁘게 빚으면 나중에 예쁜 딸을 낳는대요.
2	"한국 사람은 떡을 즐겨 먹어요."	한국 사람은 떡을 즐겨 먹는대요.
3	"떡볶이에는 고추장이 들어가요."	떡볶이에는 고추장이 들어간대요.
4	"아키코 씨는 일본사람이에요."	아키코 씨는 일본사람이래요.
5	"어제 비가 왔어요."	어제 비가 왔대요.
6	"명절마다 특별한 떡 요리가 있어요."	명절마다 특별한 떡 요리가 있대요.
7	"떡은 종류가 여러 가지예요."	떡은 종류가 여러 가지래요.
8	"시험이 어려웠어요."	시험이 어려웠대요.
9	"선생님이 결혼하실 거예요."	선생님이 결혼하실 거래요.
10	"내일부터 추워질 거예요."	내일부터 추워질 거래요.

VOCABULARY

A. 밑줄 친 부분의 설명으로 맞는 것을 고르세요.

1. 한라산에는 고도에 따라 다양한 식물들이 분포하고 있습니다.
   - ☐ 큰 정도
   - ☑ 높은 정도
   - ☐ 넓은 정도
2. 여기는 매우 독특한 곳입니다.
   - ☐ 무서운
   - ☐ 신기하고 웃기는
   - ☑ 다른 것과 비슷하지 않고 특별한
3. 남쪽과 북쪽의 기온차가 큽니다.
   - ☑ 공기 온도의 차이
   - ☐ 기압의 차이
   - ☐ 계절 차이
4. 제주도에는 해녀가 있습니다.
   - ☐ 취미로 해산물을 찾으러 바닷속에 들어가는 여자
   - ☐ 바닷속에서 수영을 잘하는 여자
   - ☑ 직업적으로 바닷속에서 해산물을 찾아오는 여자

B. 다음 문장을 완성하세요.

1. 시험을 비교적 잘 보았지만 1등은 아니다.
2. 자연경관은 사람이 만들 수 없다.

COMPREHENSION

A. 알맞은 표현을 골라 다음 문장을 완성하세요.

1. 제주도의 옛 이름은 무엇입니까?
   - ☐ 돌하르방
   - ☑ 탐라
   - ☐ 삼다수
2. 다음 설명 중 맞는 것을 고르세요.
   - ☑ 제주도는 타원형으로 생긴 섬이다.
   - ☐ 제주도는 네모나게 생긴 섬이다.
   - ☐ 제주도는 동그랗게 생긴 섬이다.
3. 많은 관광객이 제주도를 찾는 이유는 무엇입니까?
   - ☐ 서울처럼 교통이 매우 편리해서
   - ☐ 추운 날씨 때문에
   - ☑ 아름다운 자연환경 때문에

B. 다음 .... 안에 알맞은 표현을 쓰십시오.

1. 한국의 행정구역은 1특별시 6광역시 9도입니다.
2. 1특별시는 서울특별시이고 6광역시는 부산광역시, 대구광역시, 인천광역시, 광주광역시, 대전광역시, 울산광역시입니다.
3. 제주도의 옛 이름은 탐라입니다.
4. 제주도의 모양은 타원형으로 되어 있습니다.

C. 맞는 표현을 찾아 문장을 만드세요.

1. 제주도는 세 가지가 많아서 삼다도라고 불립니다.
2. 해물뚝배기는 제주도의 향토 음식입니다.
3. 제주도는 한국에서 가장 큰섬입니다.
4. 제주도의 남쪽과 북쪽은 기온차가 매우 큽니다.
5. 제주도는 감귤과 유채꽃으로 유명합니다.

D. 다음 질문에 답하세요.

1. 제주도는 무엇으로 유명합니까?
   제주도는 감귤, 유채꽃, 조랑말 등으로 유명합니다.
2. 한국에는 9개의 도가 있습니다. 그 이름을 모두 써 보세요.
   경기도, 강원도, 충청북도, 충청남도, 경상북도, 경상남도, 전라북도, 전라남도, 제주도입니다.
3. 제주도는 '삼다도'라고도 불립니다. 삼다도란 무슨 뜻입니까?
   삼다도란 세 가지가 많은 섬이라는 뜻입니다.
4. 제주도에 있는 높은 산 이름은 무엇입니까?
   제주도에 있는 높은 산 이름은 한라산입니다.

   그 산은 해발 몇 미터입니까?
   한라산은 해발 1,950m입니다.

GRAMMAR

■ 다음 문장을 알맞게 완성하세요.

1. 옛날부터 사람들이 제주도를 '삼다도'라고 불렀어요.(부르다)
   지금도 제주도는 '삼다도'로 불려요.(불리다)
2. 엄마가 아기를 등에 업어요.(업다)
   아기는 엄마에게 업히는 것을 좋아해요.(업히다)
3. 나는 혼자 라디오를 자주 들어요.(듣다)
   가끔 시끄러운 소리 때문에 라디오가 잘 안 들려요.(들리다)
4. 오른쪽에 있는 높은 산을 보았어요.(보다)
   등산하고 있는 사람들이 보여요.(보이다)
5. 누가 이 물건을 써요? (쓰다)
   이 물건은 어디에 쓰여요? (쓰이다)
6. 가게에서 아저씨가 과일을 팔아요.(팔다)
   아저씨는 과일이 많이 팔리면 기분이 좋아요.(팔리다)
7. 가: 문 좀 열어 주세요.(열다)
   나: 그 문은 자동문이니까 저절로 열려요.(열리다)
8. 가: 누가 문을 닫았어요? (닫다)
   나: 바람 때문이 문이 저절로 닫혀요.(닫히다)
9. 아까 나는 책상 위에 책을 놓았어요.(놓다)
   지금도 책상 위에 그 책이 놓여 있어요.(놓이다)
10. 지난주에 엄마가 벽에 가족사진을 걸었어요.(걸다)
    지금도 벽에 가족사진이 걸려 있어요.(걸리다)

VOCABULARY

A. 설명에 맞는 단어를 고르세요.

1. 근처 – 주변
2. 한가운데 – 중심
3. 시냇물 – 하천
4. 한 나라의 중앙 정부가 있는 도시 – 수도
5. 한 지역의 인구의 많고 적음의 정도 – 인구밀도
6. 넓이 – 면적
7. 도착하다 – 다다르다

B. 다음 문장에 맞는 표현을 고르세요.

1. 한국을 찾는 외국인이 늘고 있다.
2. 우리 반 학생 전체의 3분의 2가 남학생이다.
3. 재미있는 축제가 열리는 곳을 알려 주세요.
4. 비둘기는 자유를 상징하는 새이다.
5. 아이의 눈에 눈물이 흐르고 있어요.
6. 축구를 비롯해서 좋아하는 운동이 많아요.
7. 나이는 아직 10살에 불과하지만 생각은 어른같다.

COMPREHENSION

A. 틀린 것을 고치세요.

1. 서울은 대중교통 수단이 발달하지 않아 이동이 불편합니다.
→ 서울은 대중교통 수단이 발달하여 이동이 편리합니다.
2. 서울은 600년이 안되는 역사를 가지고 있습니다.
→ 서울은 600년이 넘는 역사를 가지고 있습니다.
3. 한국 전체 인구의 2분의 1이 서울에 집중되어 있습니다.
→ 한국 전체 인구의 4분의 1이 서울에 집중되어 있습니다.
4. 한강 주변의 공원은 어린이들에게만 사랑받는 휴식처입니다.
→ 한강 주변의 공원은 (어린이들뿐만 아니라) 많은 사람들에게 사랑받는 휴식처입니다.
5. 한강은 종로구와 중구를 연결하는 큰 하천입니다.
→ 청계천은 종로구와 중구를 연결하는 큰 하천입니다.

B. 다음 문장을 맞게 완성하세요.

1. 한국의 수도는 서울입니다.
2. 서울은 인구밀도가 매우 높은 도시입니다.
3. 한강에는 한강을 건너는 다리가 많습니다.
4. 서울은 정치, 경제, 교육, 문화, 교통의 중심지입니다.
5. 서울의 축제들은 해외 관광객들에게 좋은 반응을 얻고 있습니다.

C. 맞는 표현을 찾아 문장을 만드세요.

1. 한국 전체 인구의 4분의 1이 서울에 집중되어 있습니다.
2. 대중교통 수단이 발달하여 이동이 편리합니다.
3. 한강을 건너는 약 20개의 다리가 있습니다
4. 한강 주변의 공원은 시민들에게 좋은 휴식처입니다.
5. 서울을 상징하는 동물은 호랑이입니다.

D. 다음 질문에 답하세요.

1. 서울의 면적은 전 국토의 몇 퍼센트입니까?
서울의 면적은 전 국토의 0.6%입니다.
2. 서울은 몇 개의 '구'로 나뉘어 있습니까?
서울은 25개의 구로 나뉘어 있습니다.
3. 서울을 상징하는 새는 무엇입니까?
서울을 상징하는 새는 까치입니다.
4. 서울에는 어떤 축제들이 열리고 있습니다.
서울에는 하이 서울 페스티벌, 서울 드럼 페스티벌, 서울 세계 불꽃축제 등이 열리고 있습니다.
5. 서울에 대한 정보를 어디에서 얻을 수 있습니까?
서울 시청에 있는 서울 홍보관에 가면 서울에 대한 정보를 얻을 수 있습니다.

GRAMMAR

■ 다음 대화를 완성하세요. 진하게 된 부분을 묻는 질문을 만드세요.

1. 가: 서울의 한가운데에는 **무슨 강**이 흐르고 있습니까?
나: 서울의 한가운데에는 **한강**이 흐르고 있습니다.
2. 가: 한강 주변의 공원에는 **무엇**이 있습니까?
나: 한강 주변의 공원에는 **한강 유람선, 운동시설, 수상스키장** 등이 있습니다.
3. 가: 서울을 상징하는 꽃은 무엇입니까?
나: 서울을 상징하는 꽃은 **개나리**입니다.
4. 가: **언제** 한국에 왔습니까?
나: **작년**에 한국에 왔습니다.
5. 가: 다음 학기에는 **누가(어느 선생님이)** 3급 반을 가르치십니까?
나: 다음 학기에는 **이 선생님**이 3급 반을 가르치십니다.
6. 가: 이번 주말에 **어디에** 갈 거예요?
나: 이번 주말에 **롯데월드**에 갈 거예요.
7. 가: 회사에 들어간 지 **얼마나** 되었어요?
나: 회사에 들어간 지 **6개월** 되었어요.
8. 가: 매운 음식을 잘 먹어요? / 음식을 아무거나 잘 먹어요?
나: 아니오, **매운 음식은 못 먹어요**.
9. 가: 한국어를 배워 보니까 **어때요**?
나: 글쎄요, 한국어를 배워 보니까 **생각보다 어려워요**.
10. 가: **어떤 남자**가 좋아요?
나: **착하고 씩씩한 남자**가 좋아요.

VOCABULARY

A. 바꿔 쓸 수 있는 표현을 찾아 쓰세요.

1. 언어 – 말
2. 문자 – 글자
3. 중국의 글자 – 한자
4. 문맹 – 글자를 모름
5. 표기하다 – 쓰다
6. 다양한 – 여러 가지
7. 넓은 범위에 걸쳐서 – 널리

B. 다음 문장을 완성하세요.

1. 이번 여름 방학 때 무엇을 할지 아직 계획을 세우지 못했습니다.
2. 우리 교수님은 연구를 열심히 하시고 좋은 책을 많이 쓰십니다.
3. 제 의견에 반대하는 분은 손을 들어 주세요.
4. 예술작품에는 다른 것과 다른 독창성이 있어야 한다.

COMPREHENSION

A. 다음 질문에 맞는 답을 고르세요.

1. 한글이 만들어지기 전에 한국 사람들은 어떤 글자를 사용했습니까?

☐ 영어의 알파벳 ☑ 중국 글자(한자) ☐ 글자가 없었다

2. 세종대왕은 왜 한글을 만들게 되었습니까?

☑ 누구나 쉽게 읽고 쓸 수 있는 글자가 필요했기 때문에
☐ 다른 학자들이 만들고 싶어 해서
☐ 세계적으로 인정받고 싶어서

3. 한글이 만들어진 후 어떤 학자들이 한글 사용을 반대한 이유는 무엇입니까?

☐ 한글을 읽고 쓰기가 어려워서
☐ 더 좋은 글자를 만들고 싶어서
☑ 중국 글자가 더 훌륭하다고 생각했기 때문에

4. 사람과 동물의 큰 차이점은 무엇입니까?

☐ 사람은 아기를 낳습니다.
☐ 사람은 고기를 먹습니다.
☑ 사람은 언어를 가지고 있습니다.

B. 맞는 단어를 찾아 쓰세요.

1. 한글은 1443년에 세종대왕과 학자들이 함께 만들었습니다.
2. 한글의 우수성, 과학성, 독창성은 세계적으로 인정받고 있습니다.
3. 유네스코에서 만든 '세종대왕상'은 문맹 퇴치에 공헌한 단체에게 주는 상입니다.

C. 맞는 표현을 찾아 문장을 만드세요.

1. 음성언어는 '소리'이고 문자언어는 '글자'입니다.
2. 한국인이 쓰는 언어는 한국어입니다.
3. 세종대왕이 다른 학자들과 한글을 만들었습니다.
4. 한국인은 언제부터 한글을 썼을까요?
5. 사람은 언어를 통해 자신의 생각을 표현합니다.

D. 본문을 읽고 다음 질문에 답하세요.

1. 사람은 무엇으로 자신의 생각을 표현합니까?
   사람은 언어를 통해 자신의 생각을 표현합니다.
2. 사람과 동물의 큰 차이점은 무엇입니까?
   사람과 동물의 큰 차이점은 사람은 언어를 가지고 있다는 것입니다.
3. 언어에는 크게 두 가지가 있습니다. 무엇과 무엇입니까?
   언어에는 음성언어와 문자언어가 있습니다.
   음성언어는 '말'이고 문자언어는 '글자'를 말합니다.
4. 한국어는 어떤 문자로 표기합니까?
   한국어는 한글로 표기합니다.
5. 오늘날 한글이 세계적으로 인정받는 이유는 무엇입니까?
   오늘날 한글이 세계적으로 인정받는 이유는 한글의 우수성, 과학성, 독창성 때문입니다.

GRAMMAR

■ 밑줄 친 부분의 '-ㅂ/습니다' 표현을 '-아/아요'로 바꿔 쓰세요. 그리고 큰 소리로 읽으세요.

1. 세계에는 많은 언어가 있어요.
2. 그리고 그것을 표기하는 다양한 문자가 있어요.
3. 가령, 영어는 알파벳으로 중국어는 한자로 표기를 해요.
4. 한국인의 언어는 한국어예요.
5. 그리고 한국어는'한글'로 표기해요.
6. 한글은 1443년에 세종대왕이 만든 글자예요.
7. 그러면 한국인은 언제부터 한글을 썼을까요?
8. 한글이 만들어지기 전에 한국 사람들은 중국의 글자(한자)를 썼어요.
9. 그러나 한자는 너무 어려워서 보통 사람들이 쉽게 배울 수가 없었어요.
10. 세종대왕은 다른 학자들과 함께 우리 문자를 만들기 위한 연구를 했어요.
11. 한글은 누구나 쉽게 읽고 쓰게 하기 위해서 계획적으로 만들어진 글자예요.
12. 한글이 만들어지고 나서 어떤 학자들은 한글 사용을 반대했어요.
13. 중국 글자가 더 훌륭하다고 생각했기 때문이에요.
14. 그래서 일반 백성들과 여자들이 먼저 한글을 널리 사용하게 되었어요.

VOCABULARY

A. 다음 설명에 맞는 단어를 찾아 쓰세요.

1. 남자와 여자의 구별 – 성별
2. 보통 때 입는 옷 – 평상복
3. 만드는 재료나 바탕이 되는 것 – 소재
4. 실제로 쓸 수 있는 것 – 실용성
5. 색깔 – 색상
6. 사회적 지위(높낮이) – 신분

B. 다음 문장을 완성하세요.

1. 그 여자는 얼굴도 예쁘고 마음도 곱다.
2. 바지보다는 드레스가 우아한 느낌을 준다.
3. 회사에 면접을 보러 갈 때 어떤 차림으로 가면 될까요?
4. 날씨에 따라 사람들의 옷차림이 달라집니다.

COMPREHENSION

A. 틀린 것을 맞게 고치세요.

1. 여자는 치마와 저고리를 입고 그 위에 조끼, 마고자, 두루마기를 입는다.
→ 여자는 치마와 저고리를 입고 그 위에 마고자, 두루마기를 입는다.
2. 한복은 곡선미는 없고 직선미가 매우 아름다운 옷이다.
→ 한복은 곡선미가 매우 아름다운 옷이다.
3. 한복은 몸에 꽉 끼는 옷이다.
→ 한복은 몸에 꽉 끼지 않는 옷이다.
4. 개량 한복을 평상복으로 입는 사람은 없다.
→ 개량 한복을 평상복으로 입는 사람도 있다.

B. 다음 문장을 완성하세요.

1. 한국의 전통 의상은 한복입니다.
2. 한복은 몸에 꽉 붙지 않아 편안합니다.
3. 성별에 따라 입는 한복이 다릅니다. 여자들은 치마와 저고리를 입고 남자들은 바지와 저고리를 입습니다.
4. 요즈음 사람들은 주로 특별한 날에 한복을 입습니다.
5. 전통의상을 응용하여 만든 한복을 '개량 한복'이라고 합니다.

C. 맞는 표현을 찾아 문장을 만드세요.

1. 남자와 여자가 입는 한복은 다릅니다.
2. 명절과 결혼식 날 고운 한복을 입습니다.
3. 한복은 느낌이 우아합니다
4. 나라마다 고유의 전통 의상이 있습니다.
5. 개량한복에는 전통한복의 아름다움과 평상복의 실용성이 있습니다.

D. 본문을 읽고 다음 질문에 답하세요.

1. 한국의 전통 의상은 무엇입니까?
한국의 전통 의상은 한복입니다.
2. 한복은 입었을 때 편안한 느낌을 줍니다. 그 이유는 무엇입니까?
한복은 몸에 꽉 끼지 않아 입었을 때 편안한 느낌을 줍니다.
3. 한복의 소재와 색상은 무엇에 따라 다릅니까?
한복의 소재와 색상은 성별, 계절, 신분, 장소 등에 따라 다릅니다.
4. 요즈음 사람들은 어떤 날에 한복 차림을 합니까?
요즈음 사람들은 주로 특별한 날에 한복 차림을 합니다.
(요즈음 사람들은 주로 명절과 결혼식 날 한복 차림을 합니다.)
5. 개량 한복은 어떤 옷입니까?
개량한복은 전통의상을 응용하여 만든 옷입니다.

GRAMMAR

1. 옷이 몸(에) 꽉 껴서 불편해요.
2. 여자는 치마와 저고리 위에 마고자(와) 두루마기를 입습니다.
3. 한복은 곡선미(가) 아름다운 옷이에요.
4. 가: 손님, 똑바로 갈까요?
나: 아니오, 오른쪽(으로) 돌아 주세요.
5. 집(에서) 학교까지 얼마나 걸려요?
6. 전통 의상(을) 응용해서 요즘 입을 수 있는 옷을 만들었어요.
7. 수업이 몇 시(부터) 몇 시까지예요?
8. 가: 손님, 무엇(을) 도와 드릴까요?
나: 저쪽에 있는 것 좀 보여 주세요.
9. 한국어 공부할 때 읽기는 쉽지만 말하기(는) 어려워요.
10. 저는 형(보다) 키가 커요.

VOCABULARY

A. 맞는 단어를 골라 쓰세요.

1. 이 질문의 답이 뭔지 알아요?
2. 생일 파티에 풍선으로 장식해요.
3. 친구와 싸우지 마세요.
4. 저 표지판의 그림은 뭘 의미해요?
5. 사장님, 아까 저를 부르셨습니까?

B. 다음 문장을 완성하세요.

1. 한꺼번에 걸어 놓은 세계 여러 나라의 국기를 만국기라고 합니다.
2. '태극'은 한국을 상징합니다.
3. 편지를 보낼 때 봉투에 우표를 붙여야 합니다.
4. 동서남북도 모르고 어떻게 운전을 해요?

COMPREHENSION

A. 다음 문장을 완성하세요.

1. 국기는 그 나라의 얼굴이기 때문에 소중히 다루어야 합니다.
2. 태극 문양의 빨간색과 파란색은 우주를 상징합니다.
3. 태극기의 4괘는 동서남북의 조화와 균형을 뜻합니다.

B. 맞는 단어를 써서 문장을 완성하세요.

1. 한국의 국기 이름은 태극기입니다.
2. 태극기에는 흰색, 빨간색, 파란색, 검은색 의 네 가지 색깔이 있습니다.
3. 태극기의 흰색 바탕은 순결을 상징합니다.
4. 태극기의 네 귀퉁이에 있는 검고 긴 막대를 괘라고 부릅니다.

C. 맞는 표현을 찾아 문장을 만드세요.

1. 태극기의 흰색 바탕은 순결(깨끗함)을 상징합니다.
2. 국기는 그 나라의 얼굴이라고 할 수 있습니다.
3. 태극기는 한국의 국기입니다.
4. 사람마다 얼굴이 다르듯이 국기도 다릅니다.
5. 태극기의 색깔은 흰색, 빨간색, 파란색, 검은색입니다.

D. 본문을 읽고 다음 질문에 답하세요.

1. 우리는 어디에서 여러 나라의 국기를 볼 수 있습니까?
   올림픽이나 국제회의 등에서 여러 나라의 국기를 볼 수 있습니다.
2. 나라마다 국기의 모양과 색깔이 모두 같습니까?
   아니오, 나라마다 국기의 모양과 색깔이 다릅니다.
3. 태극기란 무슨 뜻입니까?
   태극기란 태극 문양을 가진 국기라는 뜻입니다.
4. 월드컵 때 한국 대표 선수들을 뭐라고 불렀습니까? 그것은 무슨 뜻입니까?
   월드컵 때 한국 대표 선수들을 태극전사라고 불렀습니다. 그것은 한국을 대표해서 싸우는 선수라는 뜻입니다.
5. 태극기의 네 개의 괘는 무엇을 뜻합니까?
   태극기의 네 개의 괘는 정의, 풍요, 생명력, 지혜를 뜻합니다. 그리고 동서남북, 균형과 조화를 의미합니다.

GRAMMAR

■ 밑줄 친 부분을 보기와 같이 바꿔 쓰세요.

1. 태극기는 흰색, 빨간색, 파란색, 검은색으로 되어 있다.
2. 흰색 바탕은 순결(깨끗함)을 상징한다.
3. 그리고 태극 문양의 빨간색과 파란색은 양(+)과 음(−), 우주를 뜻한다.
4. 이것은 태양과 지구, 하늘과 땅을 뜻하기도 한다.
5. 네 귀퉁이에 있는 긴 막대는 '괘'라고 부른다.
6. 모두 네 개의 괘가 있는데 각각의 이름은 건괘, 곤괘, 감괘, 이괘이다.
7. 이들은 정의 · 풍요 · 생명력 · 지혜를 뜻한다.
8. 그리고 동서남북, 균형과 조화를 의미한다.

VOCABULARY

A. 알맞은 단어를 골라 문장을 완성하세요.

1. 비행기를 타려면 공항에 가야 합니다.
2. 여러분에게 우리 가족을 소개하겠습니다.
3. 백화점에 가면 많은 상품이 진열되어 있습니다.
4. 연예인의 해외 진출이 늘고 있습니다.
5. 아이들은 부모의 사랑과 관심이 필요합니다.
6. 우리 회사는 더 좋은 상품의 개발에 힘쓰고 있습니다.

B. 다음에서 설명하고 있는 단어를 찾으세요.

1. 직업적으로 노래를 부르는 사람 – 가수
2. 드라마나 영화에서 연기를 하는 사람 – 배우
3. 다른 나라와의 정치적, 경제적, 문화적 관계에 대한 일을 하는 사람 – 외교관
4. 얼굴이 아주 잘생긴 남자 – 꽃미남

COMPREHENSION

A. 질문에 맞는 답을 찾으세요.

1. 언제부터 동남아시아 지역에서 '한류열풍'이 불기 시작했습니까?
   - [ ] 1800년대
   - [ ] 1900년대
   - [x] 2000년대

2. '얼짱'이란 무슨 뜻입니까?
   - [x] 아주 잘생기거나 예쁜 얼굴
   - [ ] 짜증나는 얼굴
   - [ ] 못생긴 얼굴

3. '세계화'란 무엇입니까?
   - [ ] 세계 여행을 가는 것입니다.
   - [x] 다른 나라를 이해하고 우리나라를 알리는 것입니다.
   - [ ] 해외 수출을 많이 하는 것입니다.

B. 다음 문장을 맞게 완성하세요.

1. 한류스타의 뒤에는 많은 사람들의 노력과 수고가 있습니다.
2. 〈겨울연가〉라는 드라마만 보아도 한류 스타들의 영향이 해외에서도 얼마나 큰지 알 수 있습니다.
3. 한류 스타를 만나기 위해 해외 팬들은 한국을 찾습니다.

C. 맞는 표현을 찾아 문장을 만드세요.

1. 청소년들은 아주 대단하다는 의미에서 '~짱'이라는 표현을 자주 씁니다.
2. 한국 배우의 해외 진출이 눈에 띄게 늘었습니다.
3. 세계화는 다른 나라의 문화를 이해하고 우리의 것을 알리는 것입니다.
4. 한국 배우를 만나기 위해 한국을 찾는 외국인이 있습니다.
5. 한류 열풍과 함께 한국어에 대한 관심이 높아졌습니다.

D. 다음 질문에 답하세요.

1. 요즈음 청소년들은 텔레비전에 나오는 '얼짱' 연예인들을 보고 어떤 생각을 합니까?
   요즈음 청소년들은 텔레비전에 나오는 '얼짱' 연예인들을 보고 부러워합니다.
2. 한류열풍은 언제, 어디에서 시작되었습니까?
   한류열풍은 2000년대부터 동남아시아 지역에서 시작되었습니다.
3. 한류열풍이란 무엇입니까?
   한류열풍이란 한국의 대중가요, 대중드라마, 영화 등이 해외에서 인기를 끌고 있는 것입니다.
4. 한류열풍의 대표적인 드라마는 무엇입니까?(본문 내용에서 찾으세요)
   한류열풍의 대표적인 드라마는 '겨울연가'입니다.
5. 세계화의 두 가지 방법을 쓰세요.

GRAMMAR

■ 알맞은 표현을 넣어 문장을 완성하세요.

1. 요즘 바빠서 드라마 한 (편)도 볼 시간이 없어요.

2. 가 : 저기요, 여기 불고기 삼 (인분) 주세요.
   나 : 네, 알겠습니다.

3. 가 : 여보세요, '한국 피자'입니다.
   나 : 여기 서울아파트 105동 1002호인데요, 야채 피자 두 (판) 갖다 주세요.
   가 : 서울아파트 105동 1002호, 피자 두 (판)이요. 네, 알겠습니다.

4. 가 : 손님 모두 몇 (분)이시죠?
   나 : 다섯 명인데요.
   가 : 이쪽으로 오세요. 자리 안내해 드리겠습니다.

5. 가 : 노래 한 (곡) 불러 보세요.
   나 : 저 노래 잘 못해요.

6~7. 가 : 뭘 드릴까요?
   나 : 커피 두 (잔)하고 생크림 케이크 두 (조각) 주세요.

8. 가 : 환전하러 왔는데요.
   나 : 얼마짜리로 바꿔 드릴까요?
   가 : 만 원권 10 (장)하고 나머지는 오천 원권으로 주세요.

9. 가: 사과 얼마예요?
   나: 8(개)에 만 원입니다.

10. 가 : 신촌에 가려면 지하철 몇 (호선)을 타야 해요?
   나 : 2(호선)을 타세요.

VOCABULARY

A. 알맞은 단어를 골라 문장을 완성하세요.

1. 그 사람의 첫인상은 너무 좋았는데 만날수록 별로예요.
2. 10년 전에 입었던 옷을 다시 입으니 너무 촌스러워요.
3. 상황이 달라지면 생각도 바뀌게 마련이다.
4. 다른 사람을 위해 희생하는 것이 생각만큼 쉽지 않아요.
5. 노약자에게 자리를 양보하세요.
6. 작년부터 결혼한다고 하더니 아직 독신(이)니?
7. 도시락 속에 엄마의 사랑과 정성이 담겨 있어요.

B. 밑줄친 부분과 반대되는 표현을 찾으세요.

1. 감정적인 태도
   ☐ 긍정적인 ☑ 이성적인 ☐ 이기적인
2. 젊은 사람
   ☑ 늙은 ☐ 어린 ☐ 맑은
3. 촌스러운 머리
   ☐ 오래된 ☐ 예쁜 ☑ 세련된
4. 성격이 밝다
   ☐ 명랑하다 ☑ 어둡다 ☐ 특이하다

COMPREHENSION

A. 다음 문장을 완성하세요.

1. 한국어의 호칭 표현은 다양합니다.
2. 아가씨는 결혼을 하지 않은 젊은 여자라는 뜻입니다.
3. 호칭은 부르는 사람과 상대방의 관계, 연령, 상황에 따라 달라집니다.

B. 틀린 것을 맞게 고쳐 쓰세요.

1. 아줌마에는 한 가지 뜻이 있습니다.
   아줌마에는 여러 가지 뜻이 있습니다.
2. 노년의 늙지 않은 여자를 아줌마라고 부릅니다.
   중년의 늙지 않은 여자를 아줌마라고 부릅니다.
3. 아가씨는 결혼을 한 젊은 여자를 말합니다.
   아가씨는 결혼을 하지 않은 젊은 여자를 말합니다.
4. 호칭은 부르는 사람과 상대방의 관계에 따라 달라지지 않습니다.
   호칭은 부르는 사람과 상대방의 관계에 따라 달라집니다.
5. 아줌마는 촌스럽고 부끄러움이 있는 사람이라는 느낌도 있고 정 많은 어머니의 모습도 있습니다.
   아줌마는 촌스럽고 부끄러움이 없는 사람이라는 느낌도 있고 정 많은 어머니의 모습도 있습니다.

C. 맞는 표현을 찾아 문장을 만드세요.

1. 외국인에게 '한국의 아줌마'에 대한 인상을 물어보았습니다.
2. '아줌마'는 원래 친척간에 쓰는 호칭입니다.
3. 결혼을 했지만 그렇게 보이지 않는 아줌마도 많습니다.
4. 지하철에서 어르신에게 자리를 양보해야 합니다.
5. '아줌마 파마'라고 하면 촌스러운 느낌이 있습니다.

D. 본문을 읽고 질문에 답하세요.

1. '한국의 아줌마'에 대한 인상 중 긍정적인 것과 부정적인 것을 찾아 써보세요.

한국 아줌마에 대한 긍정적인 인상	한국 아줌마에 대한 부정적인 인상
정이 많다 성격이 밝다 가족에게 희생적이다	뻔뻔하다 목소리가 크다 자리를 양보하지 않는다

2. 한국어로 여자를 부르는 호칭은 한 가지입니까?
   아니오. 한국어로 여자를 부르는 호칭은 한 가지가 아닙니다. 다양합니다.
3. '미시족'이란 무엇입니까?
   미시족이란 결혼을 했지만 젊고 결혼한 것 같지 않은 여자를 말합니다.
4. 모르는 사람을 부를 때 '아줌마'라는 단어에는 어떤 뜻이 있습니까?
   1) 결혼을 한 여자라는 뜻이 있습니다.
   2) 중년 이상의 늙지 않은 여자를 말합니다.
5. 호칭은 무엇에 따라 달라집니까?
   호칭은 부르는 사람과 상대방의 관계, 연령, 상화에 따라 달라집니다.

GRAMMAR

■ 밑줄 친 부분을 상황에 맞게 바꿔 보세요.

1. 수미야, 여기 앉아.
   할머니, 여기 앉으세요.
2. 민수가 텔레비전을 보고 있어요.
   할아버지께서 텔레비전을 보고 계세요.
3. 아이를 데리고 공원에 갔어요.
   부모님을 모시고 공원에 갔어요.
4. 쿄코, 내가 나중에 전화할게.
   선생님, 제가 나중에 전화드릴게요.
5. 언니에게 선물을 주었어요.
   어머니께 선물을 드렸어요.
6. 승호야, 네 친구가 이거 너한테 전해 주라고 했어.
   승호야, 선생님께서 이거 너에게 전해 주라고 하셨어.
7. 아줌마, 이 색깔 어때요?
   사모님, 이 색깔 어떠십니까?
8. 너네 집이 어디야?
   김 사장님 댁이 어디세요?
9. 이름과 주소가 뭐야?
   성함과 주소가 어떻게 되세요?
10. 너한테 할 말이 있어.
    선생님께 드릴 말씀이 있습니다.

여러분의 글을 기다립니다.

각 단원에 주어진 주제에 대한 글(Writing)을 보내 주세요.
그 중 몇 분을 추첨하여 커뮤니케이션북스에서 나오는 한국어교재를 드립니다.
수업시간에 쓴 학생들의 작문을 반별, 혹은 급별로 함께 보내 주신 국내외 한국어 교육기관의 선생님들께도 책 선물을 드립니다. 재미있고 참신한 글은 개정판에 실리게 됩니다.

보내실 때는 '이름, 국적, 한국어 수준(~급), 소속, 연락처' 등을 꼭 알려 주세요.

보낼 주소 : 121-869 서울시 마포구 연남동 568-33 충무빌딩 1층
커뮤니케이션북스 '김치 한국어' 담당자
이메일 주소 : smile-yunjin@hanmail.net

한국 문화 관련 홈페이지를 방문해 보세요.

문화관광부
http://www.mct.go.kr/

한브랜드
http://www.han-brand.com/

서울특별시
http://www.seoul.go.kr/

청계천
http://cheonggye.seoul.go.kr/

서울숲
http://seoulforest.seoul.go.kr/

김치 박물관
http://www.kimchimuseum.co.kr/

떡 · 부엌살림 박물관
http://www.tkmuseum.or.kr/

제주도
http://culture.jeju.go.kr/

겨울연가
http://www.kbs.co.kr/end_program/drama/winter/

태극기
http://www.songpr.com/

한글 박물관
http://www.hangeulmuseum.org/

난타
http://www.nanta.co.kr/

사물놀이
http://user.chol.com/~kimsunbm/index.html
http://www.samulnori.co.to/
http://my.dreamwiz.com/sangdamm/defoult.htm

국악마을
http://gugak.ivyro.net/